Holm Tetens

Wittgensteins »Tractatus«

Ein Kommentar

Reclam

FÜR JAN

6. Auflage

RECLAMS UNIVERSAL-BIBLIOTHEK Nr. 18624
2009 Philipp Reclam jun. GmbH & Co. KG,
Siemensstraße 32, 71254 Ditzingen
Druck und Bindung: EsserDruck Solutions GmbH,
Untere Sonnenstraße 5, 84030 Ergolding
Printed in Germany 2023
RECLAM, UNIVERSAL-BIBLIOTHEK und
RECLAMS UNIVERSAL-BIBLIOTHEK sind eingetragene Marken
der Philipp Reclam jun. GmbH & Co. KG, Stuttgart
ISBN 978-3-15-018624-4
www.reclam.de

Inhalt

Teil IV
Das denkende Subjekt und die Welt

Teil V
Das Ethische

Teil VI
Kritik der Philosophie

Vorwort

Der *Tractatus logico-philosophicus* von Ludwig Wittgenstein ist ein rätselhaftes Buch. Selbst sehr gründliche Lektüre und Interpretation wird dem Leser nicht damit gelohnt, dass er das Buch anschließend Satz für Satz versteht. Vielmehr werden sich auch dann noch die Sätze des Buches in drei Klassen aufspalten, in diejenigen Sätze, die der Leser versteht und auch für wahr erachtet, in diejenigen Sätze, die er zwar immanent aus bestimmten Voraussetzungen Wittgensteins nachvollziehen kann, die er aber nicht für wahr hält, weil er die betreffenden Voraussetzungen nicht teilt, und schließlich in die für ihn weiterhin rätselhaften Sätze. Für jeden Interpreten verteilen sich die Sätze des *Tractatus* ein wenig anders auf die drei erwähnten Klassen. Niemand kann sich die richtige und vollständige Interpretation dieses ungewöhnlichen und teilweise ungewöhnlich dunklen Buches zu Gute halten.

In diesem Buch strebe ich deutlich weniger an als eine Satz-für-Satz-Interpretation. Es soll in den *Tractatus* eingeführt werden, indem vor allem das philosophische Vorhaben begreiflich gemacht wird, das Wittgenstein im *Tractatus* verfolgt. Dazu muss sich einem nicht jedes Detail des Buches erschließen. Auf bestimmte Themen des *Tractatus* lasse ich mich gar nicht ein, nicht, weil der *Tractatus* nur Unverständliches zu ihnen enthält, sondern weil sie für das Verständnis des philosophischen Projekts nicht ausschlaggebend sind. Das wichtigste Thema, das ich ausspare, sind Wittgensteins Überlegungen zu den logizistischen Versuchen Gottlob Freges (1848–1925) und Bertrand Russells (1872–1970), die Mathematik auf die Logik zurückzuführen, und zu der sogenannten Typentheorie, die mit dem Logizismus in engem Zusammenhang steht.

Gerade in den Passagen zur Typentheorie und zum Logizismus wird das Buch am ehesten dem Bild gerecht, das vor allem von logischen Empiristen wie Rudolf Carnap (1891–1970) und anderen in die Welt gesetzt worden ist und das manche Interpreten bis heute von ihm gerne zeichnen, nämlich das Bild eines Logikbuches, das auf höchstem Niveau schwierigste Probleme der formalen und mathematischen Logik traktiert. Aus dieser Sicht macht der *Tractatus* freilich überflüssige und sehr ärgerliche Ausflüge in Themen, die alle den Ruch des Metaphysischen an sich haben. Carnap hätte liebend gern auf diese Teile des *Tractatus* verzichtet, erst dann wäre es ein philosophisches Buch so recht nach seinem Herzen gewesen.

Für mich ist der *Tractatus* jedoch alles andere als ein »bloßes« Logikbuch. Um meine Interpretationsidee auf einen Satz zu bringen: *Der* Tractatus *ist ein im religiösen Geist geschriebenes Buch über die Stellung des Menschen in der Welt, betrachtet vom transzendentalen Standpunkt der Logik, und über die ethischen Konsequenzen, die sich daraus ergeben.* So verstehe ich Wittgensteins philosophisches Projekt im *Tractatus*.

Teil I
Dem Denken eine Grenze ziehen

Vier Auffälligkeiten des *Tractatus*

An Wittgensteins *Tractatus logico-philosophicus*, der 1921 zuerst unter dem Titel *Logisch-philosophische Abhandlung* veröffentlicht wurde, stechen sofort vier Merkmale ins Auge: Auffällig ist die literarische Form des Buches, sodann handelt es von einer Fülle scheinbar disparater Themen. Zusätzlich erhebt der *Tractatus* den ungeheuren Anspruch, die philosophischen Probleme unüberbietbar gelöst zu haben. Und schließlich provoziert das Buch noch dadurch, dass es die eigenen Sätze für unsinnig erklärt. Betrachten wir diese vier Merkmale kurz der Reihe nach.

Die literarische Form des Tractatus: Der Text besteht aus nummerierten mehr oder weniger kurzen, thesenartig klingenden Sätzen oder Satzgruppen. Mit Begründungen scheint sich dieser Text kaum abzumühen und aufzuhalten.[1] These reiht sich an These und gibt dem Text etwas Ruheloses. Es ist, als ob Wittgenstein den Lesern seine Sätze mit dem Kommentar »Friss Vogel oder stirb!« hinwerfen würde.

Der Text umfasst sieben Hauptsätze, nummeriert mit arabischen Zahlen von 1 bis 7. Zu den ersten sechs Hauptsätzen gesellen sich weitere mit Dezimalzahlen versehene Sätze oder Gruppen aus wenigen Sätzen. Wie Wittgenstein in einer Fußnote anmerkt, dienen die Dezimalzahlen dazu, den Bezug eines Satzes oder einer Satzgruppe auf

1 Der Mangel an expliziten Argumenten im *Tractatus* ist für ein philosophisches Buch, das alles vom Standpunkt der Logik aus betrachtet, fast paradox.

andere Sätze des *Tractatus* erkennbar werden zu lassen. Satz 1 »Die Welt ist alles, was der Fall ist« wird kommentiert und vertieft durch die Sätze »1.1 Die Welt ist die Gesamtheit der Tatsachen, nicht der Dinge« und »1.2 Die Welt zerfällt in Tatsachen«. Den Satz 1.1 erläutern wiederum drei Sätze, nämlich die Sätze »1.11 Die Welt ist durch die Tatsachen bestimmt und dadurch, dass es alle Tatsachen sind«, »1.12 Denn, die Gesamtheit der Tatsachen bestimmt, was der Fall ist und auch, was alles nicht der Fall ist« und »1.13 Die Tatsachen im logischen Raum sind die Welt«. Der siebte Hauptsatz »Wovon man nicht sprechen kann, darüber muss man schweigen« bleibt unkommentiert. Mit ihm endet der *Tractatus*. Er ist ein Satz von aphoristischer Kürze, und er ist weltberühmt geworden; immer und immer wieder wird er zitiert.[2]

Die Fülle scheinbar sehr disparater Themen: Ist die äußere Form schon ungewöhnlich genug, so ist die Fülle der Themen im *Tractatus* noch ungewöhnlicher: die Sprache, die Logik, die Mathematik, die Naturwissenschaften, die Philosophie, die Psychologie, die Willensfreiheit, die Naturgesetze, die Kausalität, die Ethik, die Ästhetik, das Subjekt, die Ewigkeit, das Böse, der Tod, die Unsterblichkeit der Seele, Gott, der Skeptizismus, der Solipsismus, das Mystische, der Sinn des Lebens, die Lebensprobleme etc. Fast alle wichtigen philosophischen Themen greift der *Tractatus* auf.

Der Anspruch, die philosophischen Probleme unüberbietbar gelöst zu haben: Das dritte Merkmal des *Tractatus* ist der Gestus des Endgültigen, der sich schon im aphoristischen Charakter vieler seiner Sätze mitteilt. Bereits das Vorwort schlägt diesen Ton an: »Dagegen scheint mir die Wahrheit der hier mitgeteilten Gedanken unantastbar und definitiv zu sein.« Er sei »der Meinung, die Probleme im wesentlichen

2 Die Interpreten sind sich nicht darüber einig, wie ernst man die Nummerierung der Sätze des *Tractatus* bei der Interpretation wirklich nehmen muss. In meiner nachfolgenden Auseinandersetzung mit dem *Tractatus* werde ich kein besonderes Gewicht auf die Nummerierung der Sätze legen.

endgültig gelöst zu haben«. Dass rätselhafte Fragen offen bleiben könnten, schließt Wittgenstein aus. Fast herrisch fährt er Philosophen mit ihrer Selbststilisierung, eigentlich seien die Fragen das Wichtige an der Philosophie, Antworten seien hingegen nur schwer zu finden, in die Parade: »Zu einer Antwort, die man nicht aussprechen kann, kann man auch die Frage nicht aussprechen«, denn »*Das Rätsel* gibt es nicht. Wenn sich eine Frage überhaupt stellen lässt, so kann sie auch beantwortet werden« (Satz 6.5).

Die provokative Selbstkommentierung, die Sätze des Tractatus *seien sinnlos*: Die gesamte Philosophie überzieht Wittgenstein mit einem Vorwurf, der manchen Philosophen immer noch sprachlos machen dürfte, aus Wittgensteins Sicht wohl auch sprachlos machen soll: »Die richtige Methode der Philosophie wäre eigentlich die: Nichts zu sagen, als was sich sagen lässt,« also »Sätze der Naturwissenschaften – also etwas, was mit Philosophie nichts zu tun hat –, und immer, wenn ein anderer etwas Metaphysisches sagen wollte, ihm nachzuweisen, dass er gewissen Zeichen in seinen Sätzen keine Bedeutung gegeben hat« (Satz 6.53). Ist der *Tractatus* nicht selber ein philosophisches Werk? Widerlegt sich Wittgensteins Diktum über die Philosophie nicht in der Selbstanwendung? Diesen Ausweg, listig die Ehre der Philosophie mit dem Verweis auf den *Tractatus* selber zu retten, schneidet Wittgenstein von vornherein ab. Selbst seinen eigenen Sätzen im *Tractatus* erspart er den Vorwurf der Sinnlosigkeit nicht. »Meine Sätze erläutern dadurch, dass sie der, welcher mich versteht, am Ende als unsinnig erkennt, wenn er durch sie – auf ihnen – über sie hinaufgestiegen ist. (Er muss sozusagen die Leiter wegwerfen, nachdem er auf ihr hinaufgestiegen ist.) Er muss diese Sätze überwinden, dann sieht er die Welt richtig« (Satz 6.54). Danach lässt Wittgenstein nur noch seinen berühmten Schlusssatz folgen.

Worum könnte es in einem Buch mit solchen Auffälligkeiten gehen?

Kant und Wittgenstein

Wittgenstein schreibt im Vorwort des *Tractatus*: »Das Buch will also dem Denken eine Grenze ziehen, oder vielmehr – nicht dem Denken, sondern dem Ausdruck der Gedanken: Denn um dem Denken eine Grenze zu ziehen, müssten wir beide Seiten dieser Grenze denken können (wir müssten also denken können, was sich nicht denken lässt). Die Grenze wird also nur in der Sprache gezogen werden können und was jenseits der Sprache liegt, wird einfach Unsinn sein.«

Eine Grenze ziehen, etwas unterscheiden, das alles beinhaltet der griechische Ursprung unserer Ausdrücke »kritisieren« und »Kritik«. Das Vorhaben, dem Wittgenstein sich im *Tractatus* widmet, erinnert sofort an einen anderen großen Philosophen, nämlich an Immanuel Kant (1724–1804). Der nennt sein Vorhaben einer Grenzziehung zwischen dem, was wir wissen können, und dem, was wir nicht wissen können, »Kritik«, und gibt dem Buch, in welchem er sein Vorhaben ausführt, den Titel *Kritik der reinen Vernunft*. In der *Kritik der reinen Vernunft* will Kant begründen, dass wir Menschen nur aus den mathematisierten Erfahrungswissenschaften, vor allem also aus der Physik, etwas über die Welt erfahren können. Wissensansprüche erheben freilich nicht nur die Mathematik und die Erfahrungswissenschaften, Erkenntnisse über die Welt reklamiert auch die Metaphysik (Philosophie) für sich. Doch glaubt Kant, die Wissensansprüche der Metaphysik als grandiose Selbsttäuschung entlarven zu können: In Widersprüche müsse sich die Metaphysik deshalb verstricken, weil sie sich Dinge zu wissen anmaße, die die menschlichen Erkenntnismöglichkeiten weit übersteigen.

Nun thematisiert die Metaphysik in der Sicht Kants nicht irgendwelche nebensächlichen Probleme. Selbst wenn wir irgendwann einmal mit Hilfe der Mathematik und der Erfahrungswissenschaften alles wüssten, was es für uns zu wissen gibt, so stünden Antworten auf unsere wichtigsten Fragen noch aus. Nach Kant sind Moralität und Glück des Menschen nicht vorstellbar, wenn der Mensch nicht frei in seinen Entscheidungen, seine Seele nicht unsterblich und Gottes heiliger Wille nicht die letzte Ursache für das gesamte Universum ist. Aber sind wir frei, haben wir eine unsterbliche Seele und hat Gott in seiner Vollkommenheit und Allmacht das Universum geschaffen? Nach Kant wissen wir es nicht und werden es auch niemals wissen; wenn Metaphysiker Gegenteiliges behaupten, irren sie sich gründlich und ignorieren die Grenzen, die dem menschlichen Erkenntnisstreben nun einmal Einhalt gebieten. Natürlich können die Erfahrungswissenschaften die Existenz Gottes, die Willensfreiheit und die Unsterblichkeit auch nicht widerlegen. Ein wissenschaftlicher Atheismus ist für Kant ein ebensolches Unding wie eine wissenschaftlich beweisende Theologie. Was sich weder beweisen noch widerlegen lässt, können wir nur glauben. An die Existenz Gottes, die Freiheit des Willens und unsere Unsterblichkeit glauben sollen wir allerdings auch als moralische und vernünftig denkende und handelnde Wesen. So schafft die kantische Kritik des Wissens zugleich Raum für den vernünftigen Glauben. »Ich musste also das Wissen aufheben, um zum Glauben Platz zu bekommen […].«[3]

Auch Wittgenstein zieht eine Grenze. Es ist die Grenze zwischen dem, was sinnvoll gesagt werden kann, und dem, was nicht sinnvoll gesagt werden kann. Was sich sinnvoll über die Welt sagen lässt, das lässt sich nach dem *Tractatus* nur mit den Sätzen der Naturwissenschaften sagen. Jenseits dieser Grenze wird »einfach Unsinn sein«. Aber obwohl sich über das Jenseits dieser Grenze nicht sinnvoll reden lässt, ist dort nicht nichts. Einem Freund gibt Wittgenstein zu verstehen, der »Sinn« des *Tractatus* sei ein »Ethischer« und eigentlich bestehe sein Werk aus einem geschriebenen

3 Kant (1966) S. 38.

und einem ungeschriebenen Teil, der letztere aber sei der eigentlich Wichtige. »Es wird nämlich das Ethische durch mein Buch gleichsam von Innen her begrenzt; und ich bin überzeugt, dass es, *streng*, NUR so zu begrenzen ist.«[4] Nichts Geringeres als das Ethische ist für Wittgenstein jenseits der Grenze des sinnvoll Sagbaren angesiedelt. Ist das Ethische damit »einfach Unsinn«? Hat Wittgenstein deshalb im *Tractatus* über das nach seinen eigenen Worten Wichtigste, das Ethische, nichts geschrieben? Und glaubt er gleichwohl über das Ethische etwas eminent Wichtiges gesagt zu haben, indem er es als das identifiziert, über das geschwiegen werden muss? Was bedeuten seine Worte, das Ethische ließe sich nur »von Innen« begrenzen?

An der Grenze zwischen Sinn und Unsinn

Grenzen zwischen staatlichen Territorien lassen sich in beiden Richtungen überqueren. Von jedem Land aus gelangt man in die angrenzenden Länder. So problemlos lässt sich jedoch Kants Grenze zwischen Wissen und Nichtwissen nicht in beiden Richtungen passieren. Was jenseits der Grenze unsres Wissens liegt, können wir nicht mehr wissen, wir können es höchstens noch denken und beschreiben, etwa wenn wir fragen, ob wir einen freien Willen und eine unsterbliche Seele haben und ob Gott der Schöpfer des Universums ist. Im spekulativen Denken und vernünftigen Glauben können wir das Land jenseits des Erfahrbaren immerhin noch erreichen, jedoch niemals als Wissende und Erkennende. Wittgensteins Grenze zwischen Sinn und Unsinn gewährt hingegen keinerlei Durchlass mehr. Über das Jenseits der Wittgenstein'schen Grenze lässt sich noch nicht einmal mehr eine sinnvolle Frage stellen, lässt sich nichts Sinnvolles vermuten, ja, das

4 Brief an Ludwig von Ficker, zitiert nach Janik/Toulmin (1998) S. 227.

Jenseits dieser Grenze lässt sich überhaupt nicht denken. Wir denken nur das, was wir uns innerlich auch sinnvoll sagen könnten, denn der Gedanke ist für Wittgenstein der sinnvolle Satz (so sagt es der Hauptsatz 4 des *Tractatus*). Also ist das Unsagbare das Undenkbare. Die Welt hingegen, in der ich lebe, die ich wahrnehme, die ich erkenne und über die ich nachdenke, ist die Welt, die ich auch sinnvoll beschreiben kann. So bedeuten die Grenzen meiner Sprache die Grenzen meiner Welt (wie in Satz 5.6 des *Tractatus* formuliert). Erläuternd fügt Wittgenstein hinzu: »Was wir nicht denken können, das können wir nicht denken; wir können also nicht sagen, was wir nicht denken können« (Satz 5.61).

Können wir die Grenze des sinnvoll Sagbaren niemals überschreiten, entfällt eine Möglichkeit, die normale Grenzen zulassen: Eine Grenze zwischen zwei Staaten kann man sowohl vom Territorium des einen Staates als auch vom Territorium des anderen Staates aus markieren. Die Grenze zwischen dem sinnvoll Sagbaren und dem nicht sinnvoll Sagbaren lässt sich hingegen nicht errichten vom Territorium des nicht sinnvoll Sagbaren aus, denn dazu müsste man zumindest in Gedanken in die Gefilde des Unsagbaren aufbrechen können. Das aber ist unmöglich. Nur vom »Inneren« unserer Welt des sinnvoll Sagbaren aus lässt sich daher begrenzen, was wir sinnvoll sagen können.

Inzwischen beginnt man erste Umrisse des philosophischen Vorhabens von Wittgenstein zu erahnen. Das Ethische bildet das Zentrum des Buches. Wittgenstein benennt das so deutlich, dass es sich von vornherein verbietet, die Thematisierung des Ethischen nur als einen etwas unmotivierten Abstecher herunterzuspielen, während das Buch ansonsten in der mathematischen Logik sein eigentliches Thema habe. Allerdings lädt der *Tractatus* geradezu dazu ein, ihn in erster Linie als Logikbuch zu lesen, dazu handeln viel zu viele Seiten ausschließlich von der Logik und der Sprache und nur eine Handvoll seiner Sätze von der

Ethik und benachbarten Themen. Wittgenstein nähert sich der Ethik also von der Logik her. Warum? Bisher haben wir nur verstanden, dass ihn die Frage umtreibt, was über das Ethische sinnvoll gesagt werden kann.

Zwischen Frege und Tolstoi

Der Wittgenstein des *Tractatus* präsentiert sich dem Leser als jemand, der von der damals noch jungen formalen Logik Gottlob Freges (und dann auch Russells) fasziniert ist und sich geradezu enthusiastisch sowohl auf ihre Anwendungen als auch auf ihre noch ungelösten Probleme stürzt. Nachdem er mit ihr ernsthaft in Berührung gekommen ist, kann Wittgenstein gar nicht anders, als alles in der Welt aus dem Blickwinkel der Logik zu betrachten. Und wenn für den Logiker Wittgenstein eine Wahrheit gewiss ist, dann die, dass sich niemand ernsthaft außerhalb der Logik stellen kann. Dies ist das logische Credo des *Tractatus*.

Allein, Wittgenstein ist keineswegs nur ein überzeugter Anhänger der Logik Freges (und Russells). Zwar schweigt er sich im *Tractatus* darüber aus, aber in seinen Tagebüchern und seinen Freunden gibt er sich als ein ebenso glühender Verehrer Leo Tolstois (1828–1910) zu erkennen. Tolstoi wirbt vor allem in seinen *Volkserzählungen* und in seinem Buch *Kurze Darlegung des Evangelium* unermüdlich für eine bestimmte religiös-ethische Haltung im Leben. Ihr weiß Wittgenstein sich zutiefst verbunden und verpflichtet. Doch gerade die Logik, mit der Wittgenstein sich intensiv auseinandersetzt, wirft ihre Schatten auf die religiös-ethische Haltung, die Wittgenstein mit so viel innerem Zuspruch den Schriften Tolstois entnimmt. So reift in Wittgenstein die Einsicht heran, dass der Tolstoianer in ihm nicht einfach und problemlos mit dem Logiker in ihm zusammenleben kann. Mit dem obersten Grundsatz des Logikers Wittgenstein, dass wir uns niemals außerhalb der

Logik stellen können, sind die Weichen auf Kollision gestellt. Denn Wittgenstein folgert aus der Logik, dass wir nicht sagen können, was wir aus einer religiös-ethischen Haltung heraus eigentlich sagen möchten. Wer jedoch zu sagen versucht, was sich nicht sagen lässt, äußert unsinnige Sätze. Mithin ist der Tolstoianhänger Wittgenstein versucht, Dinge zu sagen, die ihm der Frege-Anhänger Wittgenstein als Unsinn ankreidet und glaubt verbieten zu müssen. Eine problemlose Koexistenz von Logik und religiös gefärbter Ethik scheint illusionär zu sein.

Wittgenstein denkt freilich nicht einen Augenblick daran, deshalb die religiös-ethische Haltung im Geiste Tolstois für unsinnig zu halten und sie um einer vermeintlich höheren logischen Rationalität willen aufzugeben. Ein solches Opfer kann und will er der Logik nicht bringen. Zwar akzeptiert er ohne Abstriche die Unsinnigkeit religiöser, ethischer, sogar allgemeiner metaphysischer Sätze und beugt sich der Forderung zu schweigen, die die Logik gebietet, doch zugleich verwandelt er dieses zunächst nur logisch gebotene Schweigen selber in einen genuinen Teil seiner religiös-ethischen Lebenseinstellung. Im *Tractatus* schreitet Wittgenstein den Denkweg ab, an dessen Ende der logische Standpunkt im Geiste Freges ganz in die religiös-ethische Haltung im Geiste Tolstois eingebunden ist. Der Anhänger Freges und der Anhänger Tolstois leben nun in einer ebenso eigenwilligen wie denkerisch nur höchst mühsam zusammengehaltenen Vereinigung.

Der *Tractatus* expliziert den logischen Standpunkt sehr ausführlich. Das verleiht ihm das Aussehen eines Logikbuches. Doch bewegt wird Wittgenstein im *Tractatus* von dem Bedürfnis, die Logik und seine eigene religiös fundierte Ethik in ein geklärtes Verhältnis zu setzen. Deshalb sprengt der *Tractatus* die thematischen Grenzen eines bloßen Logikbuches und bezieht für die Logik ganz und gar untypische Themen in die Untersuchung ein. Wittgenstein ist selber von dieser thematischen Ausweitung seiner

Denkanstrengungen überrascht. Aus seiner Tagebucheintragung vom 2. August 1916 hört man sein Erstaunen heraus: »Ja, meine Arbeit hat sich ausgedehnt von den Grundlagen der Logik zum Wesen der Welt.«[5]

So weit die Grundidee für die Interpretation des *Tractatus* in diesem Buch. Bevor wir den *Tractatus* ausführlicher im Sinne dieser Grundidee deuten, wollen wir zunächst die Umrisse des Denkweges nachzeichnen, den Wittgenstein im *Tractatus* zurücklegt. Das wird uns zugleich die Gelegenheit geben, den Aufbau des nachfolgenden Buches vorzustellen.

Die Welt als ein Ganzes denken

Wittgenstein kommt, wie gesagt, von der Logik her, und zu Beginn des *Tractatus* ist er erst einmal nur Logiker. Die Logik erfindet er im *Tractatus* nicht neu. Das Meiste, was Wittgenstein über die Logik im *Tractatus* darlegt, verdankt er in erster Linie zwei Logikern, Gottlob Frege und Bertrand Russell, und Wittgenstein verschweigt nicht, welchen Dank er den beiden schuldet.[6]

Was aber ist Logik im Sinne von Frege und Russell? Die Geschichte der Logik beginnt nicht mit diesen beiden Philosophen. Vielmehr ist Aristoteles (384–322 v. Chr.) unbestritten der Vater der Logik. In der Tradition des Aristoteles erforscht die Logik das logische Schließen, wie wir es beim Argumentieren praktizieren.

1. Wenn nicht alles erlaubt ist, dann gibt es einen Gott.
2. Es ist nicht alles erlaubt.

---

3. Also gilt: Es gibt einen Gott.

5 Wittgenstein (1969) S. 172.
6 Entsprechendes findet sich im Vorwort zum *Tractatus*.

Der Schluss von den beiden Prämissen 1 und 2 zur Konklusion 3 ist logisch schlüssig. Logisch schlüssig ist ein Schluss, der stets von wahren Prämissen zu einer wahren Konklusion führt. Ein logisch schlüssiger Schluss rettet nicht wegen seines Inhalts die Wahrheit von den Prämissen zur Konklusion hinüber. Diese Einsicht des Aristoteles bildete die eigentliche Geburtsstunde der formalen Logik. Dass in unserem Beispiel von der Existenz Gottes und vom Erlaubten und Verbotenen die Rede ist, ist für die Schlüssigkeit des Schlusses unerheblich. Der folgende Schluss ist ebenso schlüssig.

1. Wenn sich das Klima erwärmt, nimmt die Intensität der Wirbelstürme zu.
2. Das Klima erwärmt sich.

---

3. Also nimmt die Intensität der Wirbelstürme zu.

Was haben die beiden Argumente gemeinsam? In der ersten Prämisse der beiden Argumente wird behauptet, dass ein Sachverhalt q der Fall ist, wenn ein Sachverhalt p der Fall ist. Die zweite Prämisse beinhaltet den Sachverhalt p aus dem Wenn-Teil der ersten Prämisse. Die Konklusion ist die Aussage q aus dem Dann-Teil der ersten Prämisse. In diesem strukturellen Aufbau stimmen beide Argumente überein. In folgender Weise lässt sich diese Strukturübereinstimmung übersichtlich darstellen:

1. Wenn der Sachverhalt p der Fall ist, ist der Sachverhalt q der Fall.
2. Der Sachverhalt p ist der Fall.

---

3. Also gilt: Der Sachverhalt q ist der Fall.

Noch kürzer ist die Darstellung:

1. Wenn p, dann q.
2. p

---

3. Also: q.

Man nennt dies die *logische Form*, die unseren beiden oben zitierten Beispielargumenten gemeinsam ist, oder auch die »logisch gültige Schlussregel« (Schlussform), nach der in unseren beiden Argumenten der Übergang von den Prämissen zur Konklusion vollzogen wird.

Seit Aristoteles gipfelt die Logik darin, die logischen Formen unserer Schlüsse oder die gültigen Schlussregeln zu erforschen. Um dies aber zu tun, muss sie auch jenseits der ableitenden, deduktiven Schlüsse im engeren Sinne grundlegende Strukturen der Sprache untersuchen. Diese Struktur betrifft vor allem den inneren Aufbau einer Aussage, von dem es abhängt, ob die Aussage überhaupt wahr sein kann und welche Aussagen aus ihr logisch folgen oder aus welchen Aussagen sie selber gefolgert werden kann. Jedenfalls wird im Folgenden unter Logik die Untersuchung grundlegender Strukturen der Sprache verstanden, die die Wahrheitsfähigkeit der Aussagen und ihre Wahrheitsabhängigkeiten untereinander bestimmen. Wir werden das im nächsten Kapitel noch genauer erläutern.

Die logisch gültigen Schlussregeln, die wie gesagt das Zentrum der Logik bilden, lassen sich auch als Wahrheitsgesetze formulieren. Unser Beispiel etwa in folgender Weise: Wenn ein Satz der Form [*Wenn p, dann q*] und der entsprechende Satz der Form [*p*] beide wahr sind, dann ist auch der entsprechende Satz [*q*] wahr. Mit solchen Gesetzen der Wahrheit beschreibt die Logik notwendige Bedingungen, die alle Aussagen erfüllen müssen, damit sie überhaupt den Anspruch erheben können, wahr zu sein.

Im Anschluss an Aristoteles war Gottlob Frege der bedeutendste Logiker. Ihm verdanken wir unsere moderne Standardlogik.[7] Frege hat sie völlig selbständig in seinem Buch »Begriffsschrift« entwickelt.[8] Dabei charakterisiert er die Logik ausdrücklich als die Theorie der Wahrheitsgesetze.

> »Wahrheiten zu entdecken, ist Aufgabe aller Wissenschaften: der Logik kommt es zu, die Gesetze des Wahrseins zu erkennen. [...] Um jedes Missverständnis auszuschließen, [...] weise ich der Logik die Aufgabe zu, die Gesetze des Wahrseins zu finden, nicht die des Fürwahrhaltens oder Denkens.«[9]

Wittgenstein macht sich Freges Logikauffassung zu Eigen. Aber er vermehrt mit dem *Tractatus* nicht die seit Frege üblichen und inzwischen ungezählten Logikbücher um ein weiteres. Wenn überhaupt, führt der *Tractatus* in die formale Logik eher indirekt ein, ist er doch selber der Frage gewidmet: »Wie stellt sich für uns die Welt dar, wenn wir sie in dem Sinne vom Standpunkt der Logik aus betrachten, dass es eine Welt ist, die wir mit Aussagen beschreiben, die selber den grundlegenden Strukturen genügen müssen, die Gegenstand der Logik sind?« Im *Tractatus* buchstabiert Wittgenstein die Konsequenzen aus, die eine solche logische Sicht auf die Welt und auf uns selbst und unsere Stellung in der Welt hat.

Die Ausgangsfrage Wittgensteins zieht sofort ein wichtiges Prinzip nach sich. Die Welt beschreiben wir mit Sätzen. Dann aber muss die Welt alle Eigenschaften besitzen, ohne die sie sich gar nicht durch Aussagen beschreiben ließe, die ihrerseits den grundlegenden Strukturen, wie sie in der Logik untersucht werden, gehorchen müssen. Inso-

7 Man spricht auch von der klassischen Prädikatenlogik erster Stufe.
8 Vgl. Frege (1964).
9 Frege (1993) S. 31.

fern müssen den logischen Struktureigenschaften unserer Aussagen Eigenschaften der durch sie beschriebenen Welt entsprechen. Oder sagen wir es noch anders: Die logischen Strukturbedingungen unserer Aussagen über die Welt stellen zugleich Bedingungen der Möglichkeit der durch die Aussagen beschriebenen Welt selber dar.

Diese Formulierung ist mit Bedacht gewählt: Sie nimmt sich eine berühmte Formulierung Kants zum Vorbild. »Die Bedingungen der *Möglichkeit der Erfahrung* überhaupt sind zugleich Bedingungen der *Möglichkeit der Gegenstände der Erfahrung*«[10], heißt es in der *Kritik der reinen Vernunft*. Kant spricht vom Grundsatz einer transzendentalen Analyse der Erfahrung. Eine ganz vergleichbare Rolle übernimmt die Logik, wenn man wie Wittgenstein fragt, welche Merkmale der Welt sich aus der fundamentalen Tatsache ergeben, dass wir sie durch Aussagen beschreiben, die an fundamentale logische Strukturen gebunden sind. In Satz 6.13 des *Tractatus* streicht Wittgenstein die transzendentale Rolle der Logik mit aller Deutlichkeit heraus. Man kann deshalb von einem Prinzip der transzendentalen Rolle der Logik bei Wittgenstein reden.

Wie stellt sich die Welt für uns aus der transzendentalen Warte der Logik dar? Die entscheidende Einsicht formuliert Wittgenstein in Satz 1.13: »Die Tatsachen im logischen Raum sind die Welt.« Dieser Satz und seine Konsequenzen werden im zweiten Kapitel erläutert und begründet.

Sehr schnell sieht Wittgenstein, worauf er sich mit der Ausgangsfrage »Was ergibt sich für die Welt, wenn wir sie vom Standpunkt der Logik aus betrachten?« eingelassen hat. Er kann nicht mehr der Frage ausweichen, was sich an der Welt im Einklang mit den fundamentalen logischen Strukturen und in diesem Sinne sinnvoll beschreiben lässt und was nicht, ja, er muss noch radikaler fragen, ob es et-

10 Kant (1966) S. 232.

was gibt, was sich nicht sinnvoll beschreiben lässt.[11] Mit dieser Frage thematisiert er die Grenze zwischen Sinn und Unsinn, von der schon die Rede war.

Nur ein kurzes Nachdenken genügt, um solche Fragen auch merkwürdig zu finden. Denn was soll man auf sie antworten? Nennt man etwas, über das man nicht sinnvoll reden kann, hat man längst begonnen, darüber sinnvoll zu reden. Ist es hingegen wirklich etwas, worüber man nicht sinnvoll reden kann, lässt sich darüber nichts sagen, ja, man kann es noch nicht einmal denken, falls der Gedanke tatsächlich der sinnvolle Satz ist (wie es im Hauptsatz 4 des *Tractatus* heißt). Für mich als denkendes Wesen ist das Unsagbare ein Nichts, für mich als denkendes Wesen gibt es nur das, was ich auch sinnvoll beschreiben kann (vgl. Satz 5.61 über die Grenzen meiner Sprache, die die Grenzen meiner Welt bedeuten). Was also könnte ich *nachdenkend* anderes *sagen*, als dass sich die gesamte Wirklichkeit sinnvoll beschreiben lässt? Das sagt auch Wittgenstein ausdrücklich (vgl. Satz 4.12). Eigentümlicherweise lehnt er trotzdem den Satz, dass es nichts gibt, was sich nicht sinnvoll beschreiben lässt, rundweg ab. Für Wittgenstein gibt es »Unaussprechliches«, das sich »zeige«, und er identifiziert es mit dem »Mystischen« (vgl. Satz 6.522). Passt das bisher Gesagte noch zusammen? Kann die gesamte Wirklichkeit sinnvoll beschrieben werden und kann es zugleich etwas geben, was sich nicht aussprechen lässt?

Wittgenstein fragt, wie sich die Welt insgesamt vom Standpunkt der Logik aus darstellt. Sicher, diese Frage ist außerordentlich allgemein. Doch das ist nicht das Entscheidende an ihr. Entscheidend ist etwas anderes. Wer so fragt, versucht offensichtlich, die Welt als ein begrenztes Ganzes in den Blick zu nehmen und sie so zu bedenken.

11 Man mache sich klar, dass nur danach gefragt wird, was sich nicht sinnvoll beschreiben lässt. Dass es viele Dinge in der Welt gibt, die faktisch niemals von jemandem beschrieben wurden, ist wahr, steht aber hier nicht zur Diskussion.

Er fragt ja, ob das, was sich sinnvoll sagen lässt, die Welt vollständig begrenzt. Allein, wie können wir die Welt als ein begrenztes Ganzes denken? Anschauen können wir ein begrenztes Ganzes nur von außen. Nichts demonstriert das so eindrucksvoll wie die Tatsache, dass erst die Astronauten vom Weltraum aus der Erde als ein durch ihre Kugelgestalt begrenztes Ganzes ansichtig wurden. Gilt also auch vom Denken, was von der Wahrnehmung gilt? Können wir auch die Welt nur von einem Standpunkt »außerhalb« als ein Ganzes denken? Dann müssten wir uns im Denken »außerhalb der Welt« stellen. Doch sind wir nicht selber ein Teil der Welt? Kommen wir nicht selber in der Welt als Subjekte vor, die an viele einzelne Tatsachen in der Welt denken und eben manchmal auch an die Welt als Ganzes?

Wenn wir uns »außerhalb der Welt« denken, denken wir die Welt ohne uns und daher unvollständig. Wollen wir sie vollständig denken, müssen wir uns selber als die Subjekte solchen Nachdenkens mit eingeschlossen denken in das Ganze der Welt, über das wir gerade nachdenken. Ist uns das möglich? Wenn der Gedanke, wie Wittgenstein sagt, der sinnvolle Satz ist, so müssten wir die Welt als eine Einheit sinnvoll so beschreiben, dass zugleich wir als diejenigen Subjekte mit beschrieben sind, die jetzt mit dieser Beschreibung die Welt beschreiben. Mehr noch. Ist es nicht selber eine Tatsache in der Welt, dass wir uns mit unseren Sätzen nur deshalb auf Sachverhalte in der Welt beziehen können, weil unsere Sätze in bestimmten Beziehungen zu den durch sie dargestellten Sachverhalten in der Welt stehen? Müssten dann nicht die Sätze, mit denen wir die Welt als ein Ganzes beschreiben, zugleich beinhalten, dass und wie sie zur Welt stehen, sodass sie deshalb beschreiben können, was sie beschreiben?

Was wir für eine Beschreibung der Welt als ein Ganzes einklagen, ist nach Wittgenstein unerfüllbar. Sätze können die Welt beschreiben, aber dieselben Sätze können nicht zugleich beschreiben, wie sie zur Welt stehen, damit sie die Welt beschreiben. Nach Wittgenstein muss der Satz etwas mit der Welt gemeinsam haben, damit er die Welt beschreiben kann, er muss mit ihr die »logische Form« teilen. Wir werden noch genauer sehen, was Wittgenstein unter der logischen Form versteht. Aber der Satz, so Wittgenstein, kann die logische Form, die er mit der Welt gemeinsam haben muss, um sie darstellen zu können, selber nicht darstellen. Dazu »müssten wir uns mit dem Satz außerhalb der Logik aufstellen können, das heißt außerhalb der Welt«, und das hält Wittgenstein für unmöglich (vgl. Satz 4.12). Vielmehr »zeige« der Satz nur die »logische Form der Wirklichkeit« (Satz 4.121). In Kapitel 3 müssen wir klären, was sich hinter der Auskunft Wittgensteins verbirgt, dass Sätze nicht sagen, sondern nur zeigen können, wie sie die Wirklichkeit abbilden, und wie das zusammenhängt mit der Unmöglichkeit, sich »außerhalb der Logik aufzustellen«.

Auch die Forderung, unsere Sätze müssten immer zugleich von uns als den Subjekten handeln, die gerade in diesen Sätzen die Welt denken, hält Wittgenstein für unerfüllbar, aber er drückt das besonders dunkel aus, indem er davon spricht, dass das Subjekt nicht zur Welt gehöre, sondern eine »Grenze der Welt« sei (vgl. Satz 5.632). Im 4. Kapitel müssen wir versuchen, diese dunklen Überlegungen Wittgensteins zum Ich verständlich zu machen.

Unermüdlich betont Wittgenstein im *Tractatus*, dass wir uns nicht denkend außerhalb der Welt stellen können, denn das hieße, dass wir uns redend »außerhalb der Logik aufstellen« müssten, und das sei unmöglich. Dieser Satz ist einer der wichtigsten Grundsätze des *Tractatus*, und er ist in der Sicht Wittgensteins überaus folgenreich. Warum?

Es zeichnet uns als selbstbewusste Wesen aus, dass wir über uns und unsere Stellung in der Welt nachdenken können, ja müssen. Wir wollen begreifen, wer wir sind, wie wir in der Welt stehen, wie wir uns auf die Welt beziehen können, wie wir richtig mit der Welt umgehen und gut in ihr leben. Es geht um uns und unsere Lebensprobleme. Nichts Geringeres als »das Ethische« steht unter anderem zur Debatte. Wir können nicht nicht über diese Probleme nachdenken. Doch es hindert uns doch auch nichts und niemand daran, so scheint es jedenfalls auf den ersten Blick. Selbstverständlich, sobald wir uns zum Beispiel darüber Klarheit verschaffen wollen, wie wir angemessen über die Welt reden, müssen wir darüber reden, wie wir über die Welt reden. Das jedoch können wir nicht in einem Atemzug mit demselben Satz tun, über den wir reden wollen. Vielmehr müssen wir mit einem sogenannten Metasatz über Sätze und die Sprache sprechen. Metasprachliches Reden ist uns bestens vertraut. Wer sagt »Der Satz ›Klaus Peymann ist in Bremen geboren‹ enthält den Eigennamen ›Bremen‹«, äußert einen metasprachlichen Satz, genauso wie derjenige, der sagt »Mit jedem Satz der Form ›Ich, der ich erfahren habe, dass p, bin derselbe, der erfahren hat, dass q‹ schreibe ich mir ausdrücklich bestimmte Erfahrungen zu«. Der *Tractatus* wimmelt nur so von metasprachlichen Sätzen. Außerdem können wir jeden Gedanken selbstreflexiv zum Gegenstand eines weiteren Gedankens machen. Ich kann nicht nur an etwas denken, sondern auch darüber nachdenken, warum ich es bin, der diesen Gedanken denkt, was diese Tatsache für mich bedeutet und über mich aussagt und so weiter und so fort.

Jede Selbst- und Metareflexion ist ein weiterer Gedanke, und dass wir diesen Gedanken denken, ist ein weiteres Faktum in der Welt. Dieses Faktum muss eigentlich in die Beschreibung der Welt, will sie vollständig sein, mit aufgenommen werden. Das aber gelingt nur über einen Gedanken und Satz auf der nächsten Stufe der Selbstreflexion und der Metabetrachtung. So erzwingt eine vollständige Beschreibung der Welt immer höhere Stufen der Selbst- und Metareflexion. Es liegt auf der Hand, dass wir mit unseren Gedanken und Sätzen nicht unaufhörlich höher steigen können. Dazu fehlt uns schon die Zeit. Viel wichtiger aber ist, dass sich ein solcher Aufstieg sehr schnell totläuft, weil die Sätze, über die wir unsere Selbstreflexionen und Metabetrachtungen vollziehen, nichtssagend werden. Diese These wird im Abschnitt »Sagen und Zeigen« (S. 76f.) und in Teil IV »Das denkende Subjekt und die Welt« ausführlich begründet. Jedenfalls enden wir, wie selbst- und metareflexiv wir auch sein mögen, alsbald mit Sätzen, von denen wir nicht mehr sagen, was es bedeutet, dass wir die Subjekte sind, die diese Sätze denken, und wie es die Sätze fertig bringen, etwas über die Welt auszusagen. Dies kann und muss sich in diesen Sätzen nur »zeigen«. Wollten wir es dennoch sagen, so würden wir nichtssagende oder, wie Wittgenstein sie nennt, »unsinnige« Sätze artikulieren. Was bleibt uns also anderes als zu schweigen?

Jetzt beginnen wir vielleicht zu verstehen, wie die zwei Sätze 4.12 und 6.522 des *Tractatus* zusammenpassen, nach denen wir mit der Sprache die gesamte Wirklichkeit darstellen können, es anderseits jedoch Unaussprechliches gibt, das sich zeigt. Mit dem Ausdruck »die gesamte Wirklichkeit« ist die Welt »in den Grenzen meiner Sprache« gemeint. Sie lässt sich freilich durch logisch sinnvolle Sätze darstellen. Über alles andere ist zu schweigen. Aber dieser Rest ist nicht Nichts. Er betrifft nichts weniger als unsere eigene Stellung im Ganzen der Welt. »Das Gefühl der Welt als begrenztes Ganzes ist das mystische« (Satz 6.45). Die Welt als ein begrenztes Ganzes, in dem wir selber vorkommen als selbstreflexive und metareflexive Subjekte, kann nicht sinnvoll gedacht werden.

Bisher hatte der Logiker Wittgenstein im *Tractatus* das Wort geführt. Spätestens jetzt meldet sich der Tolstoianer Wittgenstein zu Wort und übernimmt die Regie. Dieser Regiewechsel ist einsichtig. Wenn wir über uns und unsere Stellung in der Welt nachdenken, also über das nachdenken, was uns am Ende unbedingt angeht, geraten wir alsbald in eine Situation, nicht mehr sagen zu können, was wir eigentlich sagen wollen. Wir müssen deshalb schweigen. Nachdem alles über die Welt gesagt ist, was sich sagen lässt, ohne unsinnige Sätze von sich zu geben, sind freilich unsere »Lebensprobleme noch gar nicht berührt« (vgl. Satz 6.52). Aus der Warte der Logik gibt es jedoch zu den Lebensproblemen nichts mehr zu sagen. Muss der Tolstoianer das einfach akzeptieren, weil auch er sich nicht »außerhalb der Logik aufstellen« kann, oder hat er zu dieser Forderung etwas Eigenständiges beizutragen und kann ihr eine Seite abgewinnen, die dem Logiker verborgen bleiben muss?

Wir müssen über das, was uns unbedingt angeht, am Ende schweigen, weil wir nicht sinnvoll darüber reden können. Man könnte das als logische Trivialität missverstehen. Den Ausdruck »schweigen« gebrauchen wir synonym mit »nicht reden«. Der Schlusssatz des *Tractatus* »Wovon man nicht sprechen kann, darüber muss man schweigen« würde zu: Worüber man nicht sprechen kann, darüber kann man nicht sprechen. Um uns das mitzuteilen, vergeudet Wittgenstein sicher nicht die exponierte Position eines Schlusssatzes im *Tractatus*. Die Pointe dieses Satzes muss eine andere sein: Es kann manchmal moralisch geboten sein, über etwas zu schweigen. Es kann sogar eine sittliche Haltung sein, über das moralisch Gebotene zu schweigen. In welcher ethischen Einstellung könnte es geboten sein, über die eigentlichen Lebensprobleme, mithin auch und gerade über das Ethische zu schweigen, wenn dies sowieso schon aus logischen und semantischen Gründen unvermeidlich ist? Ist es denkbar, dass das logische Schweigegebot in Wahrheit eine ethische Dimension hat? Wittgenstein ist davon überzeugt. Das fünfte Kapitel dieses Buches dient vor allem dazu, diese Überzeugung Wittgensteins herauszuarbeiten und plausibel zu machen.

In dem hier skizzierten komplexen Gedankengang

Wittgensteins mischt sich Wahres mit Frag- und Kritikwürdigem. Kritikwürdig ist besonders eine Behauptung im *Tractatus*, nämlich dass nur deskriptive Sätze sinnvoll sind, also Sätze, die beschreiben, was in der Welt der Fall ist (vgl. Satz 4.1). Wittgenstein verbindet sie mit der Behauptung, dass die »Gesamtheit der wahren Sätze« mit der »gesamten Naturwissenschaft« zusammenfalle (Satz 4.11). Da außerdem für ihn die Philosophie keine Naturwissenschaft ist (Satz 4.111), ist es nicht mehr verwunderlich, dass die Philosophie in eine grundsätzliche Kritik gerät. Diese Kritik soll im letzten Kapitel erörtert werden.

Wittgenstein selber hat den *Tractatus* kritisiert. Die spätere Philosophie Wittgensteins trennt vom *Tractatus* vor allem die Auffassung von der Funktion der Sprache. Trotzdem setzt Wittgenstein die Kritik an der Philosophie fort, die im *Tractatus* bereits begonnen wurde, nur dass der *Tractatus* nun selber in die Kritik gerät. Mit dieser Selbstkritik Wittgensteins endet das sechste Kapitel und damit dieses Buch zur Einführung in das philosophische Projekt des *Tractatus*.

Teil II
Die logische Substanz der Welt[12]

Die Welt als Gesamtheit der Tatsachen

Wie ist die Welt beschaffen, betrachtet man sie vom Standpunkt der Logik aus? Das ist Wittgensteins Ausgangsfrage im *Tractatus*. Man nimmt die Welt vom Standpunkt der Logik aus in den Blick, sobald man thematisiert, dass wir die Welt durch Aussagen beschreiben. Wir sagen zum Beispiel, dass Papst Benedikt XVI. identisch mit Joseph Ratzinger ist, Ludwig Wittgenstein das Buch *Tractatus logico-philosophicus* geschrieben hat, der Westfälische Frieden 1648 geschlossen wurde, Angela Merkel eine Frau ist, 2 kleiner als 16 ist, der Mond die Erde umkreist, Morde bestraft werden, die Newton'sche Mechanik durch die Relativitätstheorie und die Quantenmechanik weitgehend abgelöst wurde, es euklidische Modelle nicht-euklidischer Geometrien gibt, und ungezähltes mehr. Wir reden in diesem Zusammenhang üblicherweise von Sachverhalten. Es ist ein Sachverhalt, dass Benedikt XVI. mit Joseph Ratzinger identisch ist. Auch so reden wir: Es ist der Fall, dass Benedikt XVI. mit Joseph Ratzinger identisch ist. Was der Fall ist, Sachverhalte, die wirklich oder tatsächlich bestehen, nennen wir auch eine Tatsache. Daher dürfen wir es auch eine Tatsache nennen, dass Benedikt XVI. mit Joseph Ratzinger identisch ist.

Was ist die Welt, wenn sie eine Welt ist, die durch Aussagen beschrieben wird? Die Antwort ist klar, und mit ihr eröffnet Wittgenstein den *Tractatus*. »Die Welt ist alles,

12 Die Überlegungen dieses Kapitels verdanken viele Anregungen dem Buch von Stenius (1969).

was der Fall ist.« »Die Welt ist die Gesamtheit der Tatsachen, nicht der Dinge« (Sätze 1 und 1.1 des *Tractatus*). Dabei übernimmt er die übliche Terminologie, der zufolge Tatsachen Sachverhalte sind, die tatsächlich bestehen. Der Ausdruck »die Welt« verweist auf eine abgeschlossene Gesamtheit. Eine einzige Tatsache ergibt noch nicht die Welt, erst alle Tatsachen zusammen bilden die Welt.

Mit der Bemerkung, die Welt sei die Gesamtheit der Tatsachen, nicht der Dinge, grenzt sich Wittgenstein von einer Antwort ab, die vielleicht auf den ersten Blick noch näher liegt: Die Welt ist alles, was existiert, und es existieren Menschen, Berge, Sterne, Autos, Radiergummis, Bettvorleger, Computer, Philosophieprofessoren, Finanzämter, Sackgassen, Eheverträge, Theorien, Zahlen, Streichquartette, Kriege, Streitigkeiten, Hilfsmaßnahmen, Naturgesetze, logische Schlussregeln und noch unzähliges mehr. Sich hier eine Übersicht verschaffen zu wollen, wäre hoffnungslos. Doch warum sind nicht die Dinge, sondern die Tatsachen das Grundlegende und Primäre an der Welt?

An dieser Stelle kommt das Prinzip der transzendentalen Rolle der Logik ins Spiel. Die logischen Strukturbedingungen unserer Aussagen über die Welt stellen zugleich Bedingungen der Möglichkeit der durch die Aussagen beschriebenen Welt selber dar. Betrachten wir also unsere Aussagen über die Welt genauer.

Aussagen stellen Sachverhalte wie »Angela Merkel ist eine Frau« oder »Der Mond kreist um die Erde« dar. Wie analysieren Logiker diese Aussagen? Der Ausdruck »Angela Merkel« ist ein singulärer Terminus (Name). Ein singulärer Terminus (Name) dient dazu, sprachlich einen Einzelgegenstand herauszugreifen und sich auf ihn zu beziehen. Der Ausdruck »ist eine Frau« ist ein genereller Terminus oder ein Prädikat. Generelle Termini oder Prädikate bezeichnen Eigenschaften und Beziehungen von Einzelgegenständen. Im Satz »Der Mond kreist um die Erde« sind die Ausdrücke »der Mond« und »die Erde«

singuläre Termini, der Ausdruck »umkreist« ist ein genereller Terminus[13].

Aussagen, in denen Einzeldingen, die durch singuläre Termini benannt werden, eine Eigenschaft oder Beziehung, die durch einen generellen Terminus bezeichnet wird, zugesprochen wird, beschreiben Sachverhalte. Die logische Form dieser Sätze lässt sich in folgender Weise darstellen: Der Einzelgegenstand a hat die Eigenschaft F (a steht für einen singulären Terminus, F für einen generellen Terminus) bzw.: Zwischen den Einzelgegenständen $a_1, \ldots, a_n$ besteht die Relation R ($a_1, a_2, \ldots, a_n$ vertreten singuläre Termini, R einen generellen Terminus). Wittgenstein benutzt im *Tractatus* manchmal eine Kurzschreibweise der Logiker: Fa bzw. $Ra_1 \ldots a_n$.

Diesen Merkmalen unserer Aussagen über die Welt müssen nach dem Prinzip der transzendentalen Rolle der Logik Merkmale der Welt entsprechen. Die Dinge in der Welt müssen sich durch singuläre Termini (Namen) benennen lassen.

Doch darf man nach Wittgenstein nicht davon absehen, dass die singulären Termini in Aussagen dazu dienen, die Einzeldinge zu benennen, die in den Sachverhalten vorkommen, die von den Aussagen beschrieben werden. Logisch ist »präjudiziert«, um einen Ausdruck Wittgensteins aufzugreifen, dass die singulären Termini (Namen) Bestandteile von Aussagen sind, die ihrerseits Sachverhalte beschreiben.[14] Anders gesagt: Singuläre Termini sind das, was sie sind, nur innerhalb von Sätzen. Das Prinzip der transzendentalen Rolle der Logik beinhaltet nun eine

13 Vgl. zur Unterscheidung von singulären und generellen Termini Tugendhat/Wolf (1986).

14 Wittgenstein stützt sich hier auf ein Prinzip Freges, nach dem die Wörter nur im Satzzusammenhang eine Bedeutung haben. Wittgenstein macht sich diesen Grundsatz Freges ausdrücklich in Satz 3.3 zu eigen, und in einer Klammerbemerkung von Satz 2.0122 merkt er an, dass Wörter unmöglich in zwei verschiedenen Weisen auftreten können, nämlich »allein und im Satz«.

Strukturanalogie zwischen singulären Termini und Aussagen auf der einen Seite und Dingen und Sachverhalten auf der anderen Seite. Was für die Beziehung von singulären Termini und Aussagen wesentlich ist, ist auch wesentlich für Dinge und Sachverhalte. Da es für singuläre Termini wesentlich ist, Bestandteil von Aussagen zu sein, ist es für Dinge wesentlich, in Sachverhalten vorzukommen.[15]

Die logische Unabhängigkeit der Tatsachen

Wittgenstein sagt nicht nur, dass die Welt die Gesamtheit der Tatsachen ist, er bestimmt die Welt als die »Tatsachen im logischen Raum« (Satz 1.13). Was haben wir uns unter dem logischen Raum vorzustellen? Immerhin wissen wir schon von der Logik, dass sie es mit Aussagen zu tun hat. Mithin sollte ein logischer Raum ein Raum von Aussagen sein, und ein Raum von Aussagen wäre naheliegenderweise erst einmal als eine Menge von Aussagen aufzufassen. »Tatsachen im logischen Raum« wären mithin Tatsachen, insofern sie durch Aussagen dargestellt werden, die ihrerseits zusammen eine Menge von Aussagen bilden. Das ist allerdings nur eine sehr grobe Annäherung an den Begriff des logischen Raumes.

Angenommen, wir beschreiben die Tatsachen, aus denen die Welt besteht, Schritt für Schritt. Dabei erzeugen wir eine Menge von Aussagen oder, wenn man es so ausdrücken will, einen Raum von Aussagen. Freilich listet diese Menge nicht einfach nur die Aussagen auf. Vielmehr stehen die Aussagen zueinander in logischen Beziehungen. Die wichtigsten logischen Beziehungen zwischen Aussagen sind die folgenden:

15 In den Sätzen 2.011, 2.012 und 2.0121 sagt Wittgenstein ganz ausdrücklich, dass es den Dingen wesentlich ist, »Bestandteil eines Sachverhalts sein zu können«, dass es daher Zufall wäre, würden die Dinge für sich bestehen, um »nachträglich« zu einer »Sachlage« zu passen.

1. *Logische Implikation*: Eine Aussage p impliziert logisch eine Aussage q genau dann, wenn die Aussage p nicht wahr sein kann, ohne dass auch die Aussage q wahr ist. Beispiel: Die Aussage »Wenn Gott nicht existiert, ist alles erlaubt« impliziert logisch die Aussage »Wenn nicht alles erlaubt ist, existiert Gott«.
2. *Logische Äquivalenz*: Eine Aussage p ist logisch äquivalent mit einer Aussage q genau dann, wenn die beiden Aussagen sich wechselseitig logisch implizieren. Beispiel: Die Aussage »Wenn Gott nicht existiert, ist alles erlaubt« ist sogar logisch äquivalent mit der Aussage »Wenn nicht alles erlaubt ist, existiert Gott«.
3. *Kontradiktorischer Widerspruch*: Aussagen p und q widersprechen sich kontradiktorisch genau dann, wenn p die Aussage nicht-q logisch impliziert und nicht-q die Aussage p logisch impliziert. Beispiel: Die Aussagen »Wenn Gott nicht existiert, ist alles erlaubt« und »Gott existiert nicht und es ist trotzdem nicht alles erlaubt« widersprechen sich kontradiktorisch.
4. *Konträrer Widerspruch*: Aussage p widerspricht der Aussage q konträr genau dann, wenn p die Aussage nicht-q logisch impliziert, jedoch nicht-q nicht die Aussage p logisch impliziert. Beispiel: Die Aussage »Holm Tetens ist Atheist« widerspricht der Aussage »Holm Tetens ist gläubiger Christ« konträr.
5. *Logische Unabhängigkeit*: Zwei Aussagen p und q sind logisch unabhängig voneinander genau dann, wenn die Aussage p weder die Aussage q noch die Aussage nicht-q logisch impliziert und q weder p noch nicht-p logisch impliziert. Beispiel: Die Aussage »Holm Tetens ist Atheist« und die Aussage »Goethe schreibt Romane« sind logisch voneinander unabhängig.

Ein logischer Raum, so können wir jetzt schon genauer sagen, ist eine Menge von Aussagen, zwischen denen logische Beziehungen bestehen. Die Welt als die Tatsachen im logischen Raum ist dann die Gesamtheit aller Tatsachen, insofern sie durch eine entsprechende Menge von Aussagen dargestellt werden, die sich logisch aufeinander beziehen.

Doch wie verhalten sich die Aussagen logisch zueinander, die zusammen alle Tatsachen und damit die Welt darstellen? Nach Wittgenstein »zerfällt« die Welt in Tatsachen, um sofort hinzuzufügen, es könne eines der Fall sein oder nicht der Fall sein und »alles übrige gleich bleiben« (Satz 1.2). Das klingt beim ersten Lesen rätselhaft. Dass etwas der Fall ist, wird durch eine Aussage p beschrieben, dass es nicht der Fall ist, durch die negierte Aussage nicht-p. Etwas kann der Fall sein oder nicht der Fall sein und alles Übrige gleich bleiben. Das ist so zu verstehen: Alles Übrige sind die anderen Tatsachen in der Welt, die durch die anderen Aussagen dargestellt werden, die zusammen den logischen Raum der Tatsachen bilden. Dass etwas der Fall sein oder nicht der Fall sein kann und alles Übrige gleich bleibt, bedeutet mithin: Ob der Satz p, der eine einzelne Tatsache beschreibt, wahr oder falsch ist, ändert nichts an der Wahrheit der anderen Aussagen, die die anderen Tatsachen beschreiben. Deren Wahrheit oder Falschheit ist unabhängig davon, ob p wahr oder falsch ist. Die Aussage p ist logisch unabhängig von allen anderen Tatsachenaussagen im logischen Raum. Mithin sind die Tatsachen im logischen Raum die Tatsachen, insofern sie durch eine Menge von logisch voneinander unabhängigen Aussagen darstellbar sind.

Die Welt »zerfällt«, wie Wittgenstein sagt, insofern in Tatsachen, als diese Tatsachen vom logischen Standpunkt, nämlich vom Standpunkt ihrer sprachlichen Darstellbarkeit aus betrachtet, logisch unabhängig voneinander sind. Das erscheint auf den ersten Blick merkwürdig und unplausibel. In unserer gewöhnlichen Alltagsauffassung beschreiben die folgenden Sätze Tatsachen: 1. Sokrates ist ein Grieche. 2. Alle Griechen sind sterblich. 3. Sokrates ist sterblich. Aber nicht alle drei Aussagen können Tatsachen im Sinne Wittgensteins darstellen, denn aus der ersten und der zweiten Aussage folgt logisch die dritte. Offensichtlich verwendet Wittgenstein im *Tractatus* den Begriff der Tatsache in einem engeren Sinne, als wir es üblicherweise tun. Was steht hinter diesem engen Begriff, wonach Tatsachen logisch voneinander unabhängig sind?

Angenommen, uns wären alle Tatsachen der Welt bekannt, die logisch voneinander unabhängig sind. Die übrigen Tatsachen folgen logisch aus diesen basalen Tatsachen. Wer die basalen, logisch voneinander unabhängigen Tatsachen kennt, kennt zumindest implizit alle übrigen Tatsachen, denn er muss »nur« die logischen Konsequenzen aus den basalen Tatsachen ziehen. Wieder lässt sich mit dem Prinzip der transzendentalen Rolle der Logik argumentieren. Es ist eine logische Eigenschaft unserer Sprache, dass sich die Sätze in zwei Klassen einteilen lassen, d. h. in die Klasse E der Sätze, die voneinander logisch unabhängig sind, und die Klasse K der Sätze, die aus den Sätzen der Klasse E logisch folgen. Dieser logischen Eigenschaft der Aussagen korrespondiert strukturell eine Eigenschaft der Sachverhalte, auf die sich die Aussagen beziehen. Also müssen sich die Sachverhalte in der Welt einteilen lassen in logisch voneinander unabhängige basale Tatsachen und in die aus ihnen logisch folgenden restlichen Tatsachen. Solche basalen oder atomaren Tatsachen und die in ihnen vorkommenden Dinge (Gegenstände) hat Wittgenstein sehr oft im Blick, wenn er ohne weitere terminologische Einschränkung einfach von Tatsachen und Gegenständen spricht.

Die Tatsachen im logischen Raum sind in dem Sinne logisch unabhängig voneinander, dass von einer Aussage, die eine solche Tatsache darstellt, nicht auf irgendeine andere Aussage geschlossen werden kann, die ebenfalls eine Tatsache im logischen Raum beschreibt (vgl. Sätze 2.061 und 2.062, die das explizit behaupten). Will man wissen, ob p der Fall ist oder nicht, muss man nur prüfen, ob die Aussage, dass p, in dem logischen Raum der Aussagen vorkommt bzw. ob sie aus Aussagen im logischen Raum folgt oder beides nicht zutrifft. Im ersten Fall ist p der Fall, im zweiten stellt p keine Tatsache dar. In diesem Sinne bestimmt die Gesamtheit der (atomaren) Tatsachen, was der Fall ist, und bestimmt auch, was alles nicht der Fall ist (vgl. Satz 1.12).[16]

Halten wir das Wichtigste unserer bisherigen Interpretation des *Tractatus* noch einmal fest:

1. Wittgenstein bestimmt die Welt als die Gesamtheit der Tatsachen.
2. Wittgenstein unterstellt: Etwas ist nur dann eine Tatsache in der Welt, wenn sie sich im Prinzip durch eine (wahre) Aussage beschreiben lässt. Von daher vertritt Wittgenstein das Prinzip der transzendentalen Rolle der Logik, nach der die logischen Strukturbedingungen unserer Aussagen über die Welt zugleich Bedingungen der Möglichkeit der durch die Aussagen beschriebenen Welt selber darstellen. Es besteht insbesondere eine Strukturanalogie zwischen singulären Termini und Aussagen auf der einen Seite und Dingen und Sachverhalten auf der anderen Seite.
3. Daraus ergibt sich:
   - Es ist für die Dinge in der Welt wesentlich, in Sachverhalten vorzukommen.
   - Es gibt einen Raum (Menge) logisch voneinander unabhängiger Tatsachen, die die restlichen Tatsachen in der Welt bestimmen.

Um in der Interpretation zentraler Aussagen des *Tractatus* fortfahren zu können, müssen wir zunächst mit einer Unterscheidung Freges vertraut werden.

16 Diese Überlegung ist so noch nicht ganz schlüssig, wir müssen noch hinzunehmen, dass alle anderen Tatsachen in der Welt logisch bestimmt sind durch die elementaren Tatsachen im logischen Raum. Das sehen wir erst später.

Die Unterscheidung von Extension und Intension

Gemeinhin reden wir ziemlich lax von der Bedeutung sprachlicher Ausdrücke. In Wahrheit ist die Bedeutung eines sprachlichen Ausdrucks eine hochkomplexe Angelegenheit, jedenfalls werden von Linguisten, Sprachphilosophen und Logikern zum Teil sehr komplizierte Theorien über die Bedeutung sprachlicher Ausdrücke diskutiert. Bedeutungstheorien stehen im Mittelpunkt der Semantik. Einen für die Logik wichtigen und folgenreichen Beitrag zur Semantik hat Gottlob Frege mit der Unterscheidung von Sinn und Bedeutung geleistet.[17]

Ausgangspunkt bei Frege waren Identitätsaussagen. Hier sind einige Beispiele für solche Identitätsaussagen: »Papst Benedikt XVI. ist mit Joseph Ratzinger identisch«; »Der Morgenstern ist identisch mit dem Abendstern (Morgenstern = Abendstern)«. Für die Identität formuliert die Logik zwei fundamentale Prinzipien: 1. Jeder Gegenstand X ist mit sich selbst identisch (X = X), 2. Wenn der Gegenstand X mit dem Gegenstand Y identisch ist, so gilt jede Aussage über X auch über Y und umgekehrt.

Betrachten wir die beiden folgenden Identitätsaussagen: (a) »Der Morgenstern ist identisch mit dem Morgenstern (Morgenstern = Morgenstern)«; (b) »Der Morgenstern ist identisch mit dem Abendstern (Morgenstern = Abendstern)«. Die erste Aussage ist logisch trivial, die zweite hingegen höchst informativ. Warum ist das so? Fasst man die Bedeutung eines sprachlichen Ausdrucks in einer bestimmten Weise auf, ist das unverständlich. Die Ausdrücke »Morgenstern« und »Abendstern« sind singuläre Termini, sie sind Eigennamen. Man kennt die Bedeutung von Eigennamen, sobald man weiß, welche Gegenstände sie benennen. So reden wir jedenfalls umgangssprachlich. Die Ausdrücke »Morgenstern« und »Abendstern« benennen

17 Vgl. Freges Aufsatz »Über Sinn und Bedeutung«; in: Frege (1962).

denselben Stern, nämlich die Venus. Insofern haben die beiden Eigennamen »Morgenstern« und »Abendstern« dieselbe Bedeutung. Ersetzt man in einem Satz einen Eigennamen durch einen bedeutungsgleichen Eigennamen, dürfte sich eigentlich nichts am Inhalt des Satzes ändern. Bei unseren beiden Beispielsätzen ist das aber deutlich anders. Der zweite Satz entsteht dadurch, dass im ersten Satz das zweite Vorkommen des Eigennamens »Morgenstern« durch den bedeutungsgleichen Eigennamen »Abendstern« ersetzt wird. Warum verwandelt dieser Austausch eines Eigennamens durch einen bedeutungsgleichen einen uninformativen Satz in einen informativen? Das ist Freges Ausgangsproblem.

Die Verwandlung des uninformativen Satzes »Morgenstern = Morgenstern« in den informativen Satz »Morgenstern = Abendstern« erscheint nur deshalb rätselhaft, weil wir glauben, die beiden Eigennamen hätten vollständig dieselbe Bedeutung. Hierin irren wir uns, so Frege. Richtig ist zwar, dass beide Eigennamen denselben Gegenstand benennen. Aber für welchen Gegenstand die beiden Eigennamen stehen, erschöpft offensichtlich nicht deren Bedeutung. In einer zweiten Bedeutungskomponente unterscheiden sich die beiden Eigennamen deutlich voneinander. Und in der Tat: Der Ausdruck »Morgenstern« nimmt auf die Venus Bezug, insofern die Venus derjenige Stern ist, der am längsten am Morgenhimmel noch sichtbar ist, der Ausdruck »Abendstern«, insofern die Venus als erste deutlich am Abendhimmel aufleuchtet. Die beiden Ausdrücke »Morgenstern« und »Abendstern« nehmen zwar auf denselben Stern Bezug, aber jeweils in Abhängigkeit von unterschiedlichen »Weisen seines Gegebenseins«[18]. Was wir bisher lax und undifferenziert die Bedeutung eines Namens genannt haben, ist in Wahrheit in zwei Komponenten aufzuteilen:

18 So drückt Frege sich aus.

- in die *Bedeutung* im engeren Sinne als den Gegenstand, auf den sich ein Eigenname bezieht;
- in den *Sinn* des Eigennamens, der dadurch festgelegt ist, wie uns der Gegenstand gegeben ist, wenn wir auf ihn Bezug nehmen und dafür den Eigennamen prägen.

Eigennamen können sich in der Bedeutung und im Sinn unterscheiden. Manche Eigennamen haben dieselbe Bedeutung, aber einen unterschiedlichen Sinn. Eigennamen mit demselben Sinn stimmen jedoch immer auch in ihrer Bedeutung überein.

Mit der Unterscheidung von Sinn und Bedeutung vermag Frege unseren Beispielfall gut zu erklären. Nach Frege verwandeln wir den uninformativen Satz »Der Morgenstern ist identisch mit dem Morgenstern« in den informativen Satz »Der Morgenstern ist identisch mit dem Abendstern«, weil wir den Eigennamen »Morgenstern« gegen den zwar bedeutungsgleichen, aber vom Sinn her unterschiedenen Eigennamen »Abendstern« ausgetauscht haben.

Bisher haben wir nur von singulären Termini (Namen) geredet. Lässt sich mit der Bedeutung genereller Termini (Prädikate/Prädikatoren) genauso verfahren? Betrachten wir die beiden Prädikate »Lebewesen mit Herz« und »Lebewesen mit Niere«. In unserer Welt haben nun einmal alle Lebewesen mit Herz auch eine Niere und alle Lebewesen mit Niere auch ein Herz. Die beiden Prädikate werden von genau denselben Objekten in der Welt ausgesagt, und daher haben sie dieselbe Bedeutung im Sinne Freges. Die Bedeutung eines Prädikats ist die Menge aller Gegenstände, denen dieses Prädikat zukommt, also die Menge aller Gegenstände, die die Eigenschaft besitzen, die mit dem generellen Terminus dargestellt wird. Ersichtlich unterscheiden sich die Prädikate »Lebewesen mit Herz« und »Lebewesen mit Niere« trotzdem voneinander. »Lebewesen mit Herz« wird von einem Lebewesen ausgesagt, insofern wir ihm als einem Objekt begegnen, an dem wir ein Herz erkennen, »Lebewesen mit Niere«, insofern wir in den Eingeweiden dieses Objekts eine Niere isolieren können. Obwohl sich die Prädikate auf dieselben Objekte in der Welt beziehen, tun sie das unterschiedlich, weil uns die Objekte auf unterschiedliche Weise zugänglich sind. Auch zwei generelle Termini können dieselbe Bedeutung haben, weil sie auf dieselbe Menge von Gegenständen zutreffen, und sich dennoch im Sinn unterscheiden. Sinngleiche Prädikate allerdings sind immer auch bedeutungsgleich.

Frege benutzt die Terminologie »Sinn« und »Bedeutung«, es sind aber noch andere Terminologien unter Sprachphilosophen und Logikern üblich. Statt von »Sinn« und »Bedeutung« werden wir, wie viele Logiker und Semantiker, von »Intension« und »Extension« reden:

- Extension eines singulären Terminus = Einzelgegenstand, den der Eigenname benennt;
- Extension eines generellen Terminus = die Menge der Gegenstände; denen die Eigenschaft zukommt, die das Prädikat ausdrückt.

Passt die Unterscheidung von Extension und Intension sogar auf ganze Sätze? Die einfachsten Sätze sind aus Namen und Prädikaten zusammengesetzt, wie z. B. bei dem wahren Satz »Benedikt XVI. ist ein Lebewesen mit Herz«. Was passiert, wenn man in diesem Satz den Eigennamen oder das Prädikat durch extensional gleiche Ausdrücke ersetzt? Daraus resultieren die folgenden Sätze: »Benedikt XVI. ist ein Lebewesen mit Niere«; »Joseph Ratzinger ist ein Lebewesen mit Niere«; »Joseph Ratzinger ist ein Lebewesen mit Herz«. Der Inhalt der Sätze ändert sich jedes Mal, die Wahrheit des Ausgangssatzes bleibt hingegen erhalten. Das legt nahe, die Unterscheidung von Extension und Intension auf Sätze auszudehnen:

- Extension einer Aussage = der Wahrheitswert der Aussage; Intension einer Aussage = der Inhalt der Aussage, der Sachverhalt, den die Aussage beschreibt, ihre sogenannte Proposition.

Logische Möglichkeiten

Aussagen wie »Goethe schreibt Romane« stellen Sachverhalte dar. Der Ausdruck »Goethe« ist ein Eigenname. Der Ausdruck »Romane schreiben« ist ein Prädikat. Die Extension des Prädikats »Romane schreiben« ist die Menge aller Romanschriftsteller, also die Menge {Goethe, Flaubert, Tolstoi, Simmel, Selma Lagerlöf, Ingeborg Bachmann ...}. Nehmen wir einmal gegen die Tatsachen an, mir wären alle Gegenstände in der Welt zugänglich und ich könnte jeden von ihnen benennen. Dann wären mir zugleich alle Extensionen bekannt, die Prädikate überhaupt haben können.

Um das einzusehen, konstruieren wir uns eine kleine Modellwelt. Sie besteht nur aus zwei Gegenständen. Wir nennen sie »a« und »b«. Sei »F« irgendein Prädikat in der Sprache, in der wir über unsere Welt reden. Welche Extension kann das Prädikat »F« haben? Es gibt nur die folgenden vier Möglichkeiten:

1. Weder a, noch b besitzt die Eigenschaft F; die Extension von »F« ist leer oder die leere Menge: ∅.
2. Nur a besitzt die Eigenschaft F; die Extension von »F« enthält nur a: {a}.
3. Nur b besitzt die Eigenschaft »F«; die Extension von F enthält nur b: {b}.
4. Sowohl a als auch b besitzt die Eigenschaft F, die Extension von »F« enthält a und b: {a,b}.

In einer Welt mit zwei Gegenständen a und b hat jedes

einstellige Prädikat für Gegenstände dieser Welt genau eine der vier möglichen Extensionen: Ø, {a}, {b}, {a,b}.

Bisher haben wir noch keine Relationen betrachtet. Nehmen wir ein zweistelliges Prädikat wie »Vater«. Seine Extension ist die Menge aller Paare von Personen, derart dass die erste Person der Vater der zweiten ist. Die Extension des Prädikats »Vater« ist also die Menge {(Josef, Jesus), (Prinz Charles, Prinz William), (Sophus Tetens, Antje Klockenbring), …}. Kenne ich Gegenstände, kenne ich auch alle geordneten Paare von Gegenständen, damit alle möglichen Extensionen zweistelliger Prädikate und damit schließlich alle möglichen Sachverhalte, in denen ein Gegenstand in Beziehung steht zu einem anderen.

Kehren wir zu unserer Modellwelt zurück: Sei »R« irgendein zweistelliges Prädikat in der Sprache. Welche Extension kann das Prädikat »R« haben? Hier sind es schon mehr Möglichkeiten, zum Beispiel:

- Die Relation R besteht überhaupt nicht; die Extension von »R« ist leer oder die leere Menge (Ø).
- Nur a steht zu sich selbst in der Relation R; die Extension von »R« enthält nur das Paar (a,a): {(a,a)}.
- Nur a steht zu sich selbst und zu b in der Relation »R«; die Extension von R enthält die Paare (a,a) und (a,b): {(a,a);(a,b)}.
- Nur b steht zu sich selbst in der Relation R; die Extension von »R« enthält nur das Paar (b,b): {(b,b)}.
- Nur b steht zu sich selbst und zu a in der Relation R; die Extension von »R« enthält die Paare (b,b) und (b,a): {(b,b);(b,a)}.
- a steht zu sich selbst und zu b und b zu sich selbst in der Relation R; die Extension von »R« enthält die Paare (a,a), (b,b) und (a,b): {(a,a),(b,b),(a,b)}.

Bei einer Welt mit zwei Gegenständen a und b sind nur

die folgenden Mengen mögliche Extensionen zweistelliger Prädikate:
∅, {(a,a)}, {(b,b)}, {(a,b)}, {(b,a)}, {(a,a),(b,b)}, {(a,a),(a,b)}, {(a,a),(b,a)}, {(b,b),(a,b)}, {(b,b),(b,a)}, {(a,b),(b,a)}, {(a,a),(b,b),(a,b)}, {(a,a),(b,b),(b,a)}, {(a,a),(a,b),(b,a)}, {(b,b),(a,b),(b,a)}, {(a,a),(b,b),(a,b),(b,a)}.

Was wir hier für ein- und zweistellige Prädikate in einer Welt von zwei Gegenständen vorgeführt haben, trifft ebenso auf eine Welt mit drei, vier, fünf, ja mit einer beliebigen Zahl von Gegenständen zu – und mit dreistelligen, vierstelligen oder generell n-stelligen Prädikaten, die für diese Gegenstände definiert sind.[19] Alle verschiedenen Gegenstände einer Welt determinieren zusammen zugleich alle extensional unterscheidbaren Prädikate und jeden möglichen Sachverhalt in dem Sinne, dass beliebige Gegenstände $x_1,\ldots,x_n$ entweder in der Beziehung R stehen, die durch ein beliebiges n-stelliges Prädikat dargestellt wird, oder eben nicht. Sobald alle Gegenstände gegeben sind, sind auch alle möglichen Sachverhalte gegeben (vgl. Sätze 2.014 und 2.0124). In welchen Sachverhalten ein Gegenstand vorkommen kann, ist logisch durch die Sprache bestimmt, in der über die Sachverhalte geredet wird, und liegt insoweit in der »logischen Natur der Gegenstände«. Steht die Sprache fest, können nachträglich keine neuen logischen Möglichkeiten entdeckt werden (vgl. Satz 2.0123).

Dies alles ist von einem extensionalen Standpunkt aus formuliert, nach dem für die logisch bestimmten Wahrheitsbeziehungen zwischen Sätzen nur die Extensionen

19 Solange die Zahl der Gegenstände beliebig groß, aber immer noch endlich ist, entstehen hier keine weiteren Probleme. Sobald man aber annimmt, dass die Welt aus unendlich vielen Gegenständen besteht, treten Probleme auf. Sie zu behandeln, würde uns direkt in die Probleme der sogenannten transfiniten Mengenlehre und damit in die Grundlagenprobleme der Mathematik und der sogenannten Typentheorie führen. Diese Problematik sparen wir hier aus.

der singulären Termini, generellen Termini und Sätze relevant sind, nicht aber deren Intensionen. Die Logik ist also extensional. Diesen extensionalen Standpunkt nimmt Wittgenstein durchgängig im *Tractatus* ein.

Der logische Raum

Wir müssen auf den Begriff des logischen Raumes zurückkommen. Sei »F« ein Prädikat für die Gegenstände unserer Welt mit den beiden einzigen Gegenständen a und b. Logisch möglich sind folgende vier elementare Sachverhalte:

1. Fa,
2. Fb,
3. nicht(Fa),
4. nicht(Fb).

Natürlich stellt die Menge {Fa, Fb, nicht(Fa), nicht(Fb)} keine Möglichkeit dar, die in der Welt realisiert sein könnte, denn einige dieser Möglichkeiten schließen sich logisch aus, und was logisch unverträglich ist, kann nicht gleichzeitig in der Welt realisiert sein. Das ist das Prinzip vom ausgeschlossenen Widerspruch, es ist fundamental für die Logik und für die Überlegungen des *Tractatus*. Realisiert sein kann nur eine der folgenden Möglichkeiten:

1. Fa und Fb (Extension von »F« = {a,b})
2. Fa und nicht(Fb) (Extension von »F« = {a})
3. nicht(Fa) und Fb (Extension von »F« = {b})
4. nicht(Fa) und nicht(Fb) (Extension von »F« = ∅)

Jede dieser vier Möglichkeiten beschreibt eine logische Möglichkeit, was in der Welt der Fall sein könnte.

F muss nicht das einzige Prädikat für die Gegenstände a

und b unserer Welt sein. Sei »G« ein weiteres Prädikat. Die logisch möglichen Sachverhalte Ga, Gb, nicht(Ga), nicht(Gb) können nur in folgenden Kombinationen in der Welt verwirklicht sein:

1. Ga und Gb (Extension von »G« = {a,b})
2. Ga und nicht(Gb) (Extension von »G« = {a})
3. nicht(Ga) und Gb (Extension von »G« = {b})
4. nicht(Ga) und nicht(Gb) (Extension von »G« = ∅)

Jeder dieser vier Fälle beschreibt eine logische Möglichkeit, wie es um die Welt mit Blick auf die Eigenschaft G bestellt sein könnte.

Die zwei Prädikate »F« und »G« generieren acht logisch mögliche Sachverhalte, nämlich Fa, Fb, nicht(Fa), nicht(Fb), Ga, Gb, nicht(Ga), nicht(Gb). Die folgenden sechzehn Mengen von Sachverhalten repräsentieren, wie die Welt hinsichtlich der Eigenschaften F und G beschaffen sein könnte:

1. {Fa, Fb, Ga, Gb}
2. {Fa, Fb, Ga, nicht(Gb)}
3. {Fa, Fb, nicht(Ga), Gb}
4. {Fa, Fb, nicht(Ga), nicht(Gb)}
5. {Fa, nicht(Fb), Ga, Gb}
6. {Fa, nicht(Fb), Ga, nicht(Gb)}
7. {Fa, nicht(Fb), nicht(Ga), Gb}
8. {Fa, nicht(Fb), nicht(Ga), nicht(Gb)}
9. {nicht(Fa), Fb, Ga, Gb}
10. {nicht(Fa), Fb, Ga, nicht(Gb)}
11. {nicht(Fa), Fb, nicht(Ga), Gb}
12. {nicht(Fa), Fb, nicht(Ga), nicht(Gb)}
13. {nicht(Fa), nicht(Fb), Ga, Gb}
14. {nicht(Fa), nicht(Fb), Ga, nicht(Gb)}
15. {nicht(Fa), nicht(Fb), nicht(Ga), Gb}
16. {nicht(Fa), nicht(Fb), nicht(Ga), nicht(Gb)}

Die Zahl der logisch möglichen Welt explodiert kombinatorisch mit der Zahl der für die Gegenstände zugelassenen Prädikate, und sie explodiert noch einmal mit der Zahl der Gegenstände in der Welt. Trotzdem ist die Zahl der logisch möglichen Welten, solange nur endlich viele Gegenstände und Prädikate in Betracht kommen, genauso endlich wie die Zahl der Sachverhalte innerhalb jeder logisch möglichen Welt.

Fassen wir das Gesagte noch einmal zusammen:

1. Wenn alle Gegenstände mit Namen gegeben sind, sind alle extensional möglichen und unterscheidbaren Prädikate und damit alle logisch möglichen extensional unterscheidbaren Sachverhalte gegeben.
2. Ist die Menge L aller logisch möglichen extensional unterscheidbaren Sachverhalte gegeben, so kann man daraus Teilmengen W bilden, mit der Eigenschaft:
   – Ist p irgendein Sachverhalt aus L, dann ist entweder p oder nicht(p) in W enthalten.
3. Jede dieser Mengen W stellt eine logisch vollständige Möglichkeit dar, wie die Welt beschaffen sein könnte. Man bildet die Menge R aller logisch möglichen Welten W (vgl. Schema auf S. 46).

Der logische Raum, von dem Wittgenstein im *Tractatus* spricht, ist nichts anderes als die Menge aller logisch möglichen Welten. Die reale Welt ist eine unter mehreren logisch möglichen Welten. Sie ist die einzige Menge von Sachverhalten im logischen Raum, deren Elemente ausnahmslos Tatsachen sind.

Wittgenstein sagt noch mehr über den logischen Raum. Aussagen über einen komplexen Gegenstand, der aus Teilen besteht, kann man auf Aussagen über seine Teile zurückführen. Auf diese Weise vorzugehen entspricht der Methode des naturwissenschaftlichen Atomismus. In der kinetischen Gastheorie leitet man Aussagen über das Volu-

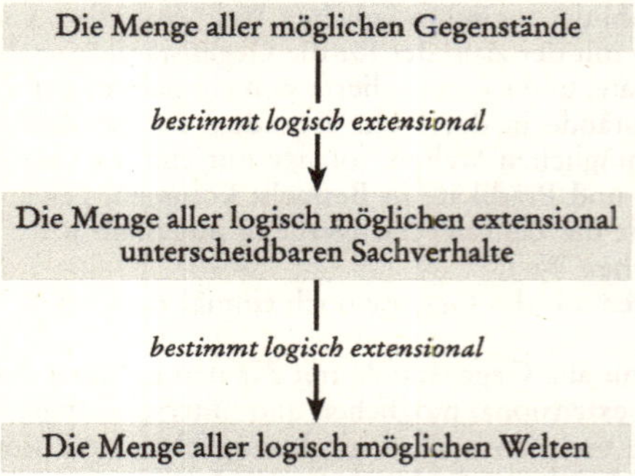

men, den Druck und die Temperatur von Gasen aus Aussagen über die Bewegungen der Gasmoleküle logisch ab. Da die Tatsachen im logischen Raum voneinander logisch unabhängig sind, können die Gegenstände in den Sachverhalten des logischen Raumes nicht Komplexe aus einfacheren Gegenständen sein, es müssen »einfache« (so sagt es Satz 2.02) oder atomare Gegenstände sein. Wittgenstein vertritt einen logischen Atomismus. Jede Aussage über komplexe Gegenstände lässt sich vollständig in Aussagen über die atomaren Gegenstände zerlegen (vgl. Satz 2.0201).

Der Begriff der Substanz ist einer der wichtigsten Begriffe der traditionellen Metaphysik. Substanzen werden diejenigen Gegenstände genannt, welche unabhängig von anderen Gegenständen für sich existieren können. In diesem Sinne fassten die antiken Atomisten die Atome als Substanzen auf. Nun besteht für Wittgenstein die Welt aus Tatsachen, die logisch unabhängig voneinander sind. Diese Tatsachen sollte Wittgenstein konsequenterweise die Substanzen der Welt nennen. Da alle Tatsachen Sachverhalte im logischen Raum sind und der logische Raum seinerseits bereits durch die Gegenstände und das Prinzip der Widerspruchsfreiheit festgelegt ist, bilden die Gegenstände die logisch voneinander unabhängigen Tatsachen, aus denen die Welt besteht. Wittgenstein könnte also auch sagen, dass die Gegenstände die Substanzen der Welt bilden. Aber in Satz 2.021 sagt er nur, dass die Gegenstände die Substanz der Welt bilden. Wie ist der Singular »die Substanz« zu erklären? Der Singular lässt sich am einfachsten damit erklären, dass Wittgenstein unter »der Substanz der Welt« einfach den logischen Raum versteht. Vom extensionalen Standpunkt aus werden die Menge aller möglichen Sachverhalte und damit auch die Menge aller möglichen Welten (sprich: die Substanz der Welt) vollständig durch die Menge der Gegenstände in der Welt bestimmt oder gebildet. Insofern bilden die Gegenstände die Substanz der Welt.

Unsere Deutung des Ausdrucks »die Substanz der Welt« stimmt bestens mit anderen Sätzen Wittgensteins überein. Nach 2.0211 hätte die Welt keine Substanz, würde der Sinn eines Satzes davon abhängen, »ob ein anderer Satz wahr ist«, denn es wäre nach Satz 2.0212 unmöglich, ein Bild der Welt zu entwerfen. In der Tat, welchen Inhalt ein Satz hat, welchen Sachverhalt er darstellt, hängt nicht davon ab, ob dieser Satz wahr ist oder nicht. Sonst könnten wir nur wahre Sätze verstehen. Wir verstehen aber auch falsche Sätze, ja wir verstehen überhaupt Sätze, unabhängig davon, ob wir wissen, welche Sätze wahr, welche falsch sind. Selbst wenn wir nicht wissen, ob Sätze wahr oder falsch sind, können wir mit ihnen beschreiben, wie wir glauben oder uns vorstellen, dass die Welt beschaffen ist; wir können uns ein Bild von der Welt machen. Natürlich kann das Bild von der Welt zutreffen oder nicht, es kann wahr oder falsch sein. Aber wir könnten sprachlich kein Bild von der Welt entwerfen, hätten Sätze nur dann einen Inhalt, wenn sie selber oder andere Sätze wahr wären. Der Inhalt eines Satzes und seine Wahrheit sind für uns zwei verschiedene Paar Stiefel.

Der logische Raum besteht aus Mengen von Sachverhalten, bei denen offen gelassen ist, ob sie bestehen oder nicht. Diesen Sachverhalten korrespondieren Sätze, die mögliche Welten beschreiben und insofern Bilder sind, wie die Welt beschaffen sein könnte. Gäbe es nicht den logischen Raum logisch möglicher Welten und korrespondierend Sätze, die einen Inhalt haben, unabhängig davon, ob sie wahr oder falsch sind, ließe sich kein Bild der Welt entwerfen.[20] Da außerdem der logische Raum von der Frage unabhängig ist, welche der logisch möglichen Sachverhalte tatsächlich in der Welt verwirklicht sind, ist die Substanz das, »was unabhängig von dem, was der Fall ist, besteht« (vgl. Satz 2.024).

Die Substanz der Welt ist die Menge aller logisch möglichen Welten. Was bleibt in diesen Welten gleich? Gleich bleiben die beteiligten Gegenstände. Sie bilden das Feste, das Beständige. Was ändert sich von möglicher Welt zu möglicher Welt? Es ändern sich die Sachverhalte, die in einer möglichen Welt bestehen. Nur wenn es Gegenstände gibt, gibt es extensional einen Raum logisch möglicher Welten. Die Gegenstände sind gewissermaßen das logische Rückgrat der Welt. Und auch innerhalb ein und derselben möglichen Welt und damit auch in der wirklichen Welt tut sich ein und derselbe Gegenstand mit immer anderen Gegenständen zu jeweils verschiedenen Sachverhalten zusammen (vgl. dazu die Sätze 2.026 bis 2.0272).

Zwischenbilanz

Welche Einsichten haben wir bisher durch den *Tractatus* gewonnen? Wittgenstein arbeitet mit zwei Prinzipien, dem Prinzip der transzendentalen Rolle der Logik und dem Prinzip der Extensionalität der Logik. Nach dem Prinzip der transzendentalen Rolle der Logik spiegeln sich

20 Das besagen Wittgensteins Sätze 2.0211 und 2.0212, vorausgesetzt, dass unter der Substanz der Welt nichts anderes als der logische Raum der Tatsachen verstanden wird.

in den logischen Eigenschaften der Sprache fundamentale Eigenschaften der dargestellten Sachverhalte und damit der Welt wider. Nach dem Prinzip der Extensionalität der Logik kommt es für das logische Schließen und die Wahrheitsabhängigkeit der Aussagen nur auf die Extensionen der singulären Termini, der generellen Termini und der Aussagen an, nicht aber auf deren Intensionen. Aus den beiden Prinzipien ergibt sich:

1. Es muss eine Menge einfacher, nicht zusammengesetzter Gegenstände als logische Atome geben, aus denen alle Tatsachen in der Welt gebildet sind.
2. Sind alle logischen Atome in der Welt gegeben, so sind alle logisch möglichen extensional unterscheidbaren elementaren Sachverhalte gegeben, in denen die logischen Atome vorkommen.
3. Damit sind aber alle logischen Möglichkeiten bestimmt, wie die Welt beschaffen sein könnte. Jede dieser Möglichkeiten beinhaltet eine logisch mögliche Welt. Die Menge aller logisch möglichen Welten nennt Wittgenstein den logischen Raum und spricht von ihm auch als der »Substanz der Welt«.
4. Die Welt ist diejenige logisch mögliche Welt aus dem logischen Raum, deren Sachverhalte allesamt Tatsachen sind. Deshalb kann Wittgenstein die Welt als die Gesamtheit der Tatsachen im logischen Raum bestimmen.
5. Die elementaren Sachverhalte innerhalb einer logisch möglichen Welt sind logisch voneinander unabhängig.
6. Es ist für die logischen Atome wesentlich, als Bestandteile von Sachverhalten vorzukommen.
7. Die logischen Atome bleiben dieselben und stellen das »Feste« und »Unveränderliche« des logischen Raumes und der Welt dar. Was von möglicher Welt zu möglicher Welt und auch innerhalb einer logisch möglichen Welt wechselt, sind die Konfigurationen der Dinge zu verschiedenen Sachverhalten und Tatsachen.

Was wir bisher nur angedeutet, aber noch nicht explizit begründet haben, ist die Unterstellung in Satz 3 der Zwischenbilanz, dass nämlich mit den Tatsachen, in denen nur die logischen Atome vorkommen, überhaupt alle Tatsachen in der Welt bestimmt sind. Diesem Aspekt müssen wir uns nun genauer zuwenden.

Sätze als Wahrheitsfunktionen der Elementarsätze

Wie wir gesehen haben, werden alle Sachverhalte im logischen Raum entweder durch Sätze der logischen Form [*Die logischen Atome* $a_1, \ldots, a_n$ *stehen in der Relation R zueinander*] oder der Form [*Die logischen Atome* $a_1, \ldots, a_n$ *stehen nicht in der Relation R zueinander*] beschrieben. Sätze der unnegierten Form [*Die logischen Atome* $a_1, \ldots, a_n$ *stehen in der Relation R zueinander*] nennt Wittgenstein Elementarsätze. Jedes Element des logischen Raumes ist eine Menge von Sätzen, und zwar derart, dass von jedem Elementarsatz entweder er selber oder aber seine Negation in der Menge vertreten ist. Da ein Satz genau dann falsch ist, wenn seine Negation wahr ist, ist ein Element des logischen Raumes, also eine logisch mögliche Welt, eindeutig bestimmt durch die Angabe, welche Elementarsätze in dieser Welt wahr sind und welche falsch. Wittgenstein behauptet nun in Satz 4.26, die Welt sei vollständig beschrieben, sobald von jedem Elementarsatz angegeben sei, ob er wahr oder falsch ist. Das wiederum ist nur wahr, falls sich die Wahrheit eines beliebigen Satzes vollständig zurückführen lässt auf die Wahrheit von Elementarsätzen über die logischen Atome.

Ein Elementarsatz hat die logische Form [*Die logischen Atome* $a_1, \ldots, a_n$ *stehen in der Relation R zueinander*] bzw. in abkürzenden Notation der Logiker [$Ra_1 \ldots a_n$]. Ein Satz ist kein Elementarsatz, wenn er entweder nicht von logischen Atomen, sondern von komplexen Gegenständen handelt oder wenn er eine andere logische Form hat als [$Ra_1 \ldots a_n$]. Ein Satz über komplexe Gegenstände wird zurückgeführt auf Aussagen über seine Teile. Diese Zurückführung kann so lange wiederholt werden, bis die Sätze nur noch über logische Atome reden (vgl. Satz 2.0201). Bleibt der Fall, dass eine Aussage eine andere logische Form hat als die Elementarsätze. Wenn ein Satz nicht die Form [$Ra_1 \ldots a_n$] hat, so ist er aus mehreren Sätzen dieser Form zusammengesetzt, er kann dann zum Beispiel die Form haben: [*nicht-p*], [*p oder q*], [*p und q*], [*wenn p, dann q*], [*p genau dann, wenn q*], wobei p oder q Elementarsätze oder beide selber schon logisch aus Elementarsätzen zusammengesetzt sind. Diese komplexen Sätze sind nach Wittgenstein Wahrheitsfunktionen der Sätze, aus denen sie zusammengesetzt sind (das sagt der Hauptsatz 5 des *Tractatus*; vgl. auch die Sätze 4.4 und 4.41 und 5.1). Wahrheitsfunktion bedeutet: Wann ein solcher komplexer Satz wahr und wann er falsch ist, hängt ausschließlich von der Wahrheit und Falschheit der Sätze ab, aus denen er zusammengesetzt ist. Betrachten wir die oben aufgeführten Beispiele der Reihe nach.

nicht-p: Eine solche Aussage heißt »die Negation von p«. Die Negation von p ist genau dann wahr, wenn p falsch ist, und genau dann falsch, wenn p wahr ist. Diese Wahrheitsabhängigkeit der Negation nicht-p vom unnegierten Satz p lässt sich besonders übersichtlich in der folgenden Weise darstellen (diese sogenannten Wahrheitstafeln sind Wittgensteins Erfindung):

p	nicht-p
W	F
F	W

p oder q: Eine solche Aussage heißt »die Disjunktion von p und q«. Die Disjunktion von p und q ist genau dann wahr, wenn p oder q wahr ist, falsch genau dann, wenn p und q beide falsch sind. Darstellen lässt sich diese Wahrheitsbeziehung in der folgenden Weise:

p	q	p oder q
W	W	W
F	W	W
W	F	W
F	F	F

p und q: Eine solche Aussage heißt »die Konjunktion (logisches Produkt) von p und q«. Die Konjunktion von p und q ist genau dann wahr, wenn p und q wahr sind, und falsch genau dann, wenn mindestens eine der beiden Aussagen falsch ist.

p	q	p und q
W	W	W
F	W	F
W	F	F
F	F	F

Wenn p, dann q: Eine solche Aussage heißt »die Subjunktion (Implikation) von p und q«. Die Subjunktion von p und q ist genau dann falsch, wenn p wahr und q falsch ist, und wahr genau dann, wenn q wahr oder p falsch ist (vgl. Tabelle auf S. 53 oben).

p	q	wenn p, dann q
W	W	W
F	W	W
W	F	F
F	F	W

p genau dann, wenn q: Eine solche Aussage heißt »die Bisubjunktion oder die Äquivalenz von p und q«. Die Bisubjunktion von p und q ist genau dann wahr, wenn p wahr und q beide wahr oder falsch sind, und ist falsch in allen anderen Fällen.

p	q	p genau dann, wenn q
W	W	W
F	W	F
W	F	F
F	F	W

Die oben stehenden tabellarischen Darstellungen der Wahrheitsfunktionen heißen »Wahrheitstafeln«. Es war Gottlob Frege, der schon vor Wittgenstein in seiner »Begriffsschrift« die Wahrheitsfunktionen entdeckt, definiert und ihre zentrale Bedeutung für das logische Schließen erkannt hat. Es war Wittgenstein, der im *Tractatus* in den Sätzen 4.31, 4.442 und 5.101 als Erster die Wahrheitsfunktionen durch Wahrheitstafeln dargestellt hat.

Es gibt vier Wahrheitsfunktionen mit nur einer Aussage als Argument (vgl. Tabelle auf S. 54).

p	nicht-p
W	F
F	W

p	Kontradiktion
W	W
F	W

p	Kontradiktion
W	F
F	F

p	Identität
W	W
F	F

Es gibt 16 Wahrheitsfunktionen, die zwei Aussagen zu einer neuen Aussage verknüpfen, zum Beispiel:

p	q	Tautologie
W	W	W
F	W	W
W	F	W
F	F	W

Wittgenstein schreibt das in folgender Weise: (W W W W) (p,q).

Ein anderes Beispiel ist:

p	q	nicht beides p und q
W	W	F
F	W	W
W	F	W
F	F	W

In Wittgensteins Schreibweise sieht das wie folgt aus: (F W W W) (p,q). Hier folgen nun alle 16 zweistelligen Wahrheitsfunktionen in der Schreibweise des *Tractatus*:

1.	Tautologie:	(W W W W) (p,q)
2.	nicht beides p und q:	(F W W W) (p,q)
3.	wenn q, dann p:	(W F W W) (p,q)
4.	wenn p, dann q:	(W W F W) (p,q)
5.	p oder q:	(W W W F) (p,q)
6.	nicht-q:	(F F W W) (p,q)
7.	nicht-p:	(F W F W) (p,q)
8.	p oder q, aber nicht beide:	(F W W F) (p,q)
9.	p genau dann, wenn q:	(W F F W) (p,q)
10.	p:	(W F W F) (p,q)
11.	q:	(W W F F) (p,q)
12.	weder p noch q:	(F F F W) (p,q)
13.	p und nicht-q:	(F F W F) (p,q)
14.	q und nicht-p:	(F W F F) (p,q)
15.	p und q:	(W F F F) (p,q)
16.	Kontradiktion:	(F F F F) (p,q)

Man vergleiche diese Liste mit Satz 5.101 des *Tractatus*.

Ausdrücke wie »nicht«, »und«, »oder«, »wenn-dann«, »genau dann, wenn«, »weder noch« usw. nennen die Logiker Junktoren. Man kann die Wahrheitsfunktionen durch Iteration auf mehr als zwei Sätze anwenden. Seien p, q und r Elementarsätze. Auf den Satz [*p*] wendet man die Negation an, das ergibt [*nicht-p*], auf q und r die Disjunktion, das ergibt [*q oder r*]. Anschließend bildet man aus [*nicht-p*] und [*q oder r*] die Subjunktion [*Wenn nicht-p, dann q oder r*]. Wann ist eine solche Subjunktion wahr? Die Wahrheitstafel zeigt das am einfachsten (vgl. Tabelle auf S. 56).

p	q	r	wenn nicht p, dann q oder r
W	W	W	W
F	W	W	W
W	F	W	W
F	F	W	W
W	W	F	W
F	W	F	W
W	F	F	W
F	F	F	F

Entsprechend dieser Wahrheitstafel ist eine Subjunktion der Form [*Wenn nicht-p, dann q oder r*] genau dann wahr, wenn mindestens eine der drei Aussagen p, q oder r wahr ist.

Nach Wittgenstein ist jeder Satz eine Wahrheitsfunktion der Elementarsätze, weil der Satz sich dadurch gewinnen lässt, dass man Wahrheitsfunktionen iteriert auf die Elementarsätze anwendet. Also lässt sich für jeden Satz mit Hilfe der Elementarsätze eindeutig bestimmen, wann er wahr ist.

Bestimmte Wahrheitsfunktionen lassen sich mit Hilfe anderer Wahrheitsfunktionen definieren. So lässt sich eine Subjunktion der Form [*wenn p, dann q*] mit Hilfe der Negation und der Disjunktion definieren als [*nicht-p oder q*]. Die Wahrheitstafel bestätigt das sofort:

q	Wenn p, dann q	nicht-p oder q
W	W	W
W	W	W
F	F	F
F	W	W

Mit Hilfe der Wahrheitsfunktion [*nicht-p und nicht-q*] kann jede andere Wahrheitsfunktion definiert werden:

p	q	nicht-p und nicht-q
W	W	F
F	W	F
W	F	F
F	F	W

Wittgenstein notiert dies wieder (F F F W) (p,q). Eine andere Schreibweise der Logiker und auch Wittgensteins in 5.1311 für [*nicht-p und nicht-q*] ist p|q. Heute redet man von der Scheffer'schen Funktion. Hier ist die Definition der Negation mit Hilfe der Scheffer'schen Funktion:

p	nicht-p	nicht-p und nicht-p
W	F	F
F	W	W

Die Disjunktion lässt sich so definieren:

p	q	nicht-(nicht-p und nicht-q) und nicht-(nicht-p und nicht-q)
W	W	W
F	W	W
W	F	W
F	F	F

Es können aber auch mehr als zwei Aussagen miteinander durch diese Wahrheitsfunktion verbunden werden.

p	q	r	nicht-p und nicht-q und nicht-r
W	W	W	F
F	W	W	F
W	F	W	F
F	F	W	F
W	W	F	F
F	W	F	F
W	F	F	F
F	F	F	W

Wittgenstein müsste das in folgender Weise schreiben: (F F F F F F F W) (p,q,r) und allgemeiner: (F … F W) $(p_1, \ldots, p_n)$. Er schreibt dafür im *Tractatus* allgemein: (– – – – – W) (ξ. . .).[21]

Neben Sätzen, die mit den sogenannten logischen Junktoren, also Ausdrücken wie unter anderem »wenn-dann«, »oder«, »und«, »nicht« gebildet sind, kennt die extensionale Logik auch sogenannte »Allsätze« und »Existenzaussagen«. Ein Allsatz ist etwa der Satz »Alle roten Gegenstände sind farbig«, ein Existenzsatz »Manche Schotten sind Philosophen«. Die Ausdrücke »alle« und »einige«

21 Vgl. Satz 5.5. Für die Schreibweise (– – – – – W) (ξ . . .) führt Wittgenstein aus Gründen, die uns im Einzelnen nicht interessieren müssen, in Satz 5.502 noch eine neue Schreibweise ein, nämlich N(ξ). Nach einigen weiteren Vorschlägen zur Schreibweise heißt es in Satz 6: »Die allgemeine Form der Wahrheitsfunktion ist: $[\bar{p},\bar{\xi},N(\bar{\xi})]$ Dies ist die allgemeine Form des Satzes.« Satz 6 sagt immer noch dasselbe wie Satz 5.5, nämlich dass alle Sätze iterierte Anwendungen der Scheffer'schen Funktion auf die Elementarsätze sind.

nennen die Logiker »Quantoren«. Die Quantoren bilden zusammen mit den Junktoren die sogenannten »logischen Konstanten«.

Vom Standpunkt der extensionalen Logik aus gesehen sind All- und Existenzsätze ebenfalls Wahrheitsfunktionen der Elementarsätze. Ein Allsatz hat die Form: [*Für alle Gegenstände x gilt: Auf x trifft F zu*]. Ein solcher Satz ist wahr genau dann, wenn für jeden logisch atomaren Gegenstand a der Satz »Auf den Einzelgegenstand a trifft F zu« wahr ist. Bei nur endlich vielen logischen Atomen ist ein Allsatz der Form [*Für alle Gegenstände x gilt: Auf x trifft F zu*] logisch äquivalent mit der Konjunktion [*Auf* a_1 *trifft F zu und auf* a_2 *trifft F zu und … und auf* a_n *trifft F zu*].

Ein Existenzsatz hat die Form [*Es gibt mindestens einen Gegenstand x, auf den F zutrifft*]. Ein solcher Satz ist wahr genau dann, wenn für mindestens einen logisch atomaren Gegenstand a der Satz [*Auf den Einzelgegenstand a trifft F zu*] wahr ist. Falls es nur endlich viele logische Atome gibt, ist ein Existenzsatz der Form [*Es gibt mindestens einen Gegenstand x, auf den F zutrifft*] logisch äquivalent mit der Disjunktion [*Auf* a_1 *trifft F zu oder auf* a_2 *trifft F zu oder … oder auf* a_n *trifft F zu*].

Diese Analyse der extensionalen Logik für Allsätze und Existenzsätze übernimmt Wittgenstein im *Tractatus*. Sie fließt in seine Behauptung ein, dass jeder Satz eine Wahrheitsfunktion der Elementarsätze ist.

Wenn ein Satz eine Wahrheitsfunktion der Elementarsätze ist, steht fest, bei welchen Verteilungen der Wahrheitswerte auf die Elementarsätze der Satz wahr ist.[22] Einige mit Hilfe von Junktoren und Quantoren logisch zu-

22 Wittgenstein nennt die möglichen Verteilungen der Wahrheitswerte auf die Elementarsätze »Wahrheitsmöglichkeiten« und auch »Wahrheitsgründe«. »Diejenigen Wahrheitsmöglichkeiten seiner Wahrheitsargumente, welche den Satz bewahrheiten, will ich seine Wahrheitsgründe nennen« (Satz 5.1). Der Ausdruck »Wahrheitsmöglichkeiten der Wahrheitsargu-

sammengesetzte Sätze sind immer wahr, unabhängig davon, ob die Sätze, von denen sie wahrheitsfunktional abhängen, wahr oder falsch sind. Zwei Beispiele:

p	q	Wenn (p oder q) und nicht-p, dann q
W	W	W
F	W	W
W	F	W
F	F	W

p	q	Wenn (Wenn p, dann q) und nicht-q, dann nicht-p
W	W	W
F	W	W
W	F	W
F	F	W

Solche Sätze heißen »logisch wahr« oder auch »logische Gesetze«. Wittgenstein bezeichnet sie als »Tautologien«. Die Sätze der Logik sind Tautologien. Bestimmte andere wahrheitsfunktional komplexe Sätze sind immer falsch, unabhängig davon, ob die Sätze, von denen sie wahrheitsfunktional abhängen, wahr oder falsch sind. Logiker bezeichnen sie als »logisch falsche Sätze« oder auch »Kontradiktionen«. Jede Negation einer Tautologie ist eine

mente eines Satzes« meint die möglichen Verteilungen der Wahrheitswerte auf die Elementarsätze, von denen jeder Satz wahrheitsfunktional abhängt. Mit dieser Terminologie lässt sich dann auch ausdrücken, wann ein Satz q aus einem Satz p logisch folgt, nämlich dann, wenn alle Wahrheitsgründe von p auch Wahrheitsgründe von q sind; vgl. dazu die Sätze 5.11, 5.12 und 5.121.

Kontradiktion, und jede Negation einer Kontradiktion ist eine Tautologie.

Jeder Satz ist eine Wahrheitsfunktion der Elementarsätze. Auch Tautologien sind Wahrheitsfunktionen der Elementarsätze. Aber die Tautologien sind wahr, unabhängig davon, welche der Elementarsätze wahr und welche falsch sind. Die Tautologien sind auch dann wahr, falls bestimmte wahre Elementarsätze falsch und bestimmte faktisch falsche Elementarsätze wahr wären, falls also die Welt anders beschaffen wäre, als sie es tatsächlich ist. Tautologien sind in jeder logisch möglichen Welt wahr. Tautologien informieren uns nicht über die Beschaffenheit der Welt. Die Gesetze der Logik sind Tautologien. Und deshalb sagen nach Wittgenstein die Sätze der Logik nichts.[23]

23 Vgl. Satz 6.11; zu Tautologien und Kontradiktionen vgl. auch die Sätze 4.46 bis 4.464, die keine weiteren Interpretationsprobleme aufwerfen.

Teil III
Das logische Bild der Tatsachen

Modelle

Bisher basierten unsere Überlegungen auf der schlichten Feststellung, dass wir die Tatsachen in der Welt durch Sätze beschreiben. Zur Beschreibung der Tatsachen durch Sätze sagt Wittgenstein im *Tractatus* wesentlich mehr. Nach Satz 2.1 machen wir uns Bilder der Wirklichkeit. Das Bild nennt Wittgenstein »ein Modell der Wirklichkeit« (vgl. Satz 2.12). Architekten arbeiten oft mit Modellen der Gebäude, die sie errichten, Schiffbauingenieure mit Modellen der Schiffe, die sie bauen wollen.[24] Wozu dienen solche Modelle? Sie sollen uns über Dinge in der Welt informieren, ohne die Dinge selber in Augenschein nehmen zu müssen. So wollen etwa Schiffbauingenieure das Schlingerverhalten eines Schiffes anhand eines Versuchs mit einem Modell im Wellenkanal testen. Sie glauben, dass das Schlingerverhalten eines Schiffes nicht von den einschlägigen absoluten Größen abhängt, sondern nur von Größenverhältnissen. Zum Beispiel kommt es nicht darauf an, wie hoch und wie lang das Schiff ist, sondern nur darauf, wie sich Höhe und Länge des Rumpfes zueinander verhalten. Ebenso ist nicht die absolute Höhe des Schiffes oberhalb und unterhalb der Wasserlinie entscheidend, sondern wie sich die Höhe des Schiffes oberhalb der Wasserlinie zu seiner Tiefe unter Wasser verhält. Stimmt das

24 Da Wittgenstein ursprünglich Maschinenbau studiert hatte, war er gut vertraut mit Modellen, wie sie bei Ingenieuren üblich sind. Man sollte nicht übersehen, wie sehr Wittgensteins Modellbegriff von solchen technikwissenschaftlichen Modellen geprägt ist.

Schiffsmodell nur in diesen relevanten Größenverhältnissen mit dem Original überein, erwarten die Ingenieure, dass sich, selbst dann, wenn es sich in den absoluten Größen und vielen anderen Eigenschaften vom Originalschiff unterscheidet, trotzdem das Schlingerverhalten des Modells dem des Originals hinreichend ähnelt.

Was passiert logisch und erkenntnistheoretisch bei einem Test zum Schlingerverhalten eines Schiffes anhand seines Modells? Zunächst sind Teile des Modells Teilen des Originals, und Eigenschaften und Relationen dieser Teile des Modells Eigenschaften und Relationen der Teile des Originals zuzuordnen. Im Falle eines Schiffsmodells liegen diese Zuordnungen auf der Hand. Die nachfolgende Tabelle beschreibt einen Teil der einschlägigen Zuordnungen:

Schiffsmodell		**Originalschiff**
Rumpf	~	Rumpf
Aufbauten	~	Aufbauten
Masten	~	Masten
Rumpflänge	~	Rumpflänge
Krümmung der Rumpfoberfläche	~	Krümmung der Rumpfoberfläche
Gewicht der Aufbauten	~	Gewicht der Aufbauten
Winkel zwischen Schiffsteilen	~	Winkel zwischen Schiffsteilen
Berührung zwischen Schiffsteilen	~	Berührung zwischen Schiffsteilen

Vermittelt über diese Zuordnung von Teilen, Eigenschaften und Beziehungen entsprechen bestimmte Sätze über das Modell bestimmten Sätzen über das Original, und zwar derart, dass ein Satz S über das Original genau dann wahr ist, wenn der ihm zugeordnete Satz S* über das Modell wahr ist, weil sich bestimmte Objekte, Eigenschaften und Relationen des Originals genauso zueinander verhalten wie die ihnen zugeordneten Objekte, Eigenschaften und Relationen des Modells. Deshalb lassen sich mit Hilfe der Zuordnungsvorschrift Sachverhalte am Original aus entsprechenden Sachverhalten am Modell erschließen.

Betrachten wir gleich ein weiteres Beispiel aus der Wissenschaftsgeschichte.[25] In der ersten Hälfte des 19. Jahrhunderts beobachteten die Chemiker, dass sich chemische Elemente gesetzmäßig miteinander zu neuen Stoffen verbinden. Zwei dieser Gesetze sind das Gesetz von der Erhaltung der Massen: »Gehen chemische Elemente Verbindungen ein, so geht dabei von der Stoffmenge der beteiligten Elemente nichts verloren« und das Gesetz der konstanten Proportionen: »Gehen verschiedene Elemente Verbindungen miteinander ein, so ist unabhängig von der Stoffmenge der Verbindung der prozentuale Anteil jedes der beteiligten Elemente konstant (z. B. 1 g Kohlenstoff verbindet sich stets mit 1,333 g Sauerstoff zu Kohlenmonoxid)«.

25 Mit diesem Beispiel sind wir näher bei einer weiteren Quelle von Wittgensteins Modellbegriff. Neben den technikwissenschaftlichen Modellen war Wittgenstein auch orientiert am Modellbegriff des Physikers Heinrich Hertz (1857–1894). Hertz und sein Modellbegriff werden im *Tractatus* in Satz 4.04 ausdrücklich genannt. In Satz 6.361 wird Hertz dann noch ein weiteres Mal namentlich erwähnt. Der sagt in seinem 1894 erschienenen Buch *Die Prinzipien der Mechanik*: »Es ist die nächste und in gewissem Sinne wichtigste Aufgabe unserer bewussten Naturerkenntnis, dass sie uns befähige, zukünftige Erfahrungen vorauszusehen, um nach dieser Voraussicht unser gegenwärtiges Handeln einrichten zu können. Als Grundlage für die Lösung jener Aufgabe der Erkenntnis benutzen wir unter allen Umständen vorangegangene Erfahrungen, gewonnen durch zufällige Beobachtungen oder durch absichtlichen Versuch. Das Verfahren aber, dessen wir uns zur Ableitung des Zukünftigen aus dem Vergangenen und damit zur Erlangung der erstrebten Voraussicht stets bedienen, ist dieses: Wir machen uns innere Scheinbilder oder Symbole der äußeren Gegenstände, und zwar machen wir sie von solcher Art, dass die denknotwendigen Folgen der Bilder stets wieder die Bilder seien von den naturnotwendigen Folgen der abgebildeten Gegenstände« [Hertz (1963) S. 1].

Die Atomhypothese des Chemikers John Dalton (1766–1844) umfasst die folgenden Behauptungen:

1. Chemische Elemente bestehen aus unteilbaren Atomen.
2. Die Atome ein und desselben Elements haben alle dieselbe Masse.
3. Atome verschiedener Elemente haben unterschiedliche Masse.
4. Bei einer chemischen Verbindung zwischen chemischen Elementen E_1 und E_2 können sich stets nur m E_1-Atome mit k E_2-Atomen verbinden, wobei m und k kleine natürliche Zahlen sind.

In Daltons Atomhypothese werden chemische Elemente und Verbindungen verglichen mit Paketen aus Kugeln unterschiedlicher Sorte, wobei sich die Kugelsorten durch das Gewicht unterscheiden. Mit solchen Paketen sind wir vertraut. Sie gehorchen Gesetzmäßigkeiten, die den oben erwähnten zwei chemischen Gesetzen gleichen. Chemische Elemente und Verbindungen verhalten sich hinsichtlich der Aspekte Stoffmenge, Gewicht, Anteile der verschiedenen Stoffsorten genau wie Pakete von Kugeln unterschiedlichen Gewichts. Bei den Kugelpaketen verstehen wir diese Gesetzmäßigkeiten auf Anhieb und können von daher das Gesetz der konstanten Proportionen durch den Vergleich mit Kugelpaketen leicht erklären.

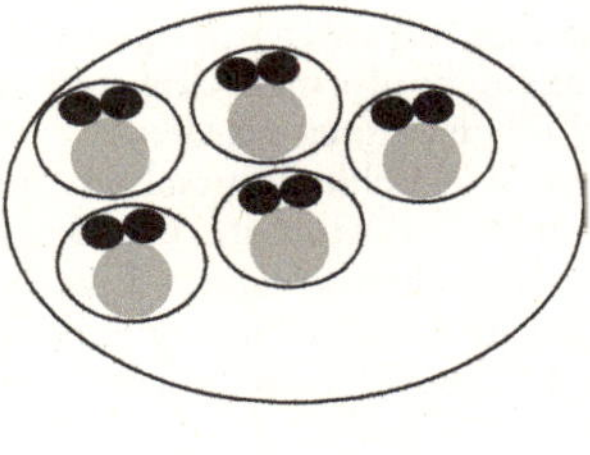

Denn jede Verbindung zwischen den Elementen E_1 und E_2 ist eine Menge von »Paketen«, die jeweils m E_1-Atome mit dem Einzelgewicht g_1 und k E_2-Atome mit dem Einzelgewicht g_2 enthalten. Unterschiedliche Mengen derselben Verbindung bestehen nur aus einer unterschiedlichen Anzahl dieser Pakete. Somit ändert sich das Verhältnis der E_1-Atome zu den E_2-Atomen nicht, es bleibt unabhängig von der Stoffmenge (d. h. der Anzahl der »Atompakete«) m:k, und damit ist das Massenverhältnis $m \cdot g_1 : k \cdot g_2$ der Elemente E_1 und E_2 in ihrer Verbindung eine von der Stoffmenge unabhängige Konstante.

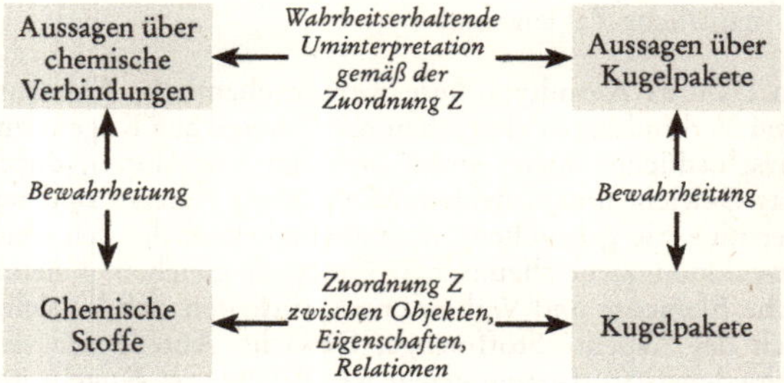

Verallgemeinern wir unsere Beispiele: Ein Wirklichkeitsausschnitt W* dient als Modell für einen Wirklichkeitsausschnitt W genau dann, wenn aufgrund einer Zuordnung Z zwischen Objekten, Eigenschaften und Relationen in W und Objekten, Eigenschaften und Relationen in W* Sätze über W aus Z-konformen Uminterpretationen wahrer Sätze über W* gewonnen werden.

Was haben ein Wirklichkeitsausschnitt W und sein Modell W* gemeinsam? Bestimmte Objekte O in W verhalten sich hinsichtlich bestimmter Eigenschaften E und Relationen R genauso zueinander wie die ihnen zugeordneten Objekte O* in W* hinsichtlich bestimmter Eigenschaften E^* und Relationen R^*. Wir dürfen also auch annehmen, dass die Objekte O in W mit ihren Eigenschaften E und Relationen R dieselbe Struktur realisieren wie die Objekte O^* in W^* mit ihren Eigenschaften E^* und Relationen R^*. Die Wirklichkeitsausschnitte W und W^* sind hinsichtlich bestimmter Objekte, Eigenschaften und Relationen strukturgleich. Erfolgreiche Modellbildung macht sich eine hinreichende Strukturgleichheit zwischen Wirklichkeitsausschnitten zunutze.

Betrachten wir noch einmal in Daltons Atommodell die Möglichkeit, aus Aussagen über das Modell durch strukturerhaltende Uminterpretation Aussagen über chemische Verbindungen zu gewinnen. Auf den Satz: (A) »In zwei Mengen M_1 und M_2 von k bzw. l Kugelpaketen verbinden sich jeweils eine Kugel mit dem Gewicht G_1 mit zwei Kugeln mit dem Einzelgewicht G_2 und daher ist in M_1 und M_2 das Gewichtsverhältnis von G_1-Kugeln zu G_2-Kugeln gleich« wenden wir die strukturerhaltende Übersetzungsvorschrift an:

n Pakete aus G_1- und G_2-Kugeln	$\leftrightarrow$	Kohlendioxid der Stoffmenge n
Eine G_1-Kugel	$\leftrightarrow$	1 Einheit Kohlenstoff
Eine G_2-Kugel	$\leftrightarrow$	1 Einheit Sauerstoff

und erhalten den Satz (B) »In zwei Mengen M_1 und M_2 von Kohlendioxid der Stoffmenge k bzw. l verbinden sich jeweils eine Stoffeinheit Kohlenstoff mit zwei Stoffeinheiten Sauerstoff und daher ist in M_1 und M_2 das Gewichtsverhältnis von Kohlenstoff zu Sauerstoff gleich«. Beide Aussagen stimmen in ihrer logischen Form überein, die sich so darstellen lässt: [In zwei Mengen M_1 und M_2 von Entitäten X verbinden sich jeweils eine Einheit der Entität Y mit zwei Einheiten der Entität Z und daher ist in M_1 und M_2 das Verhältnis von Y-Einheiten zu Z-Einheiten gleich]. Je nach Interpretation entstehen aus dieser Aussageform Aussagen über Kugelpakete, chemische

Verbindungen oder auch über noch ganz andere Gegenstände.

Zu einem Modell M über einen Wirklichkeitsausschnitt W gehören daher:

a) der Wirklichkeitsausschnitt M,
b) Sachverhalte in M, über die die Struktur S realisiert wird,
c) eine strukturerhaltende bzw. zumindest als strukturerhaltend intendierte Zuordnung Z zwischen Gegenständen, Eigenschaften und Relationen aus M und entsprechenden Gegenständen, Eigenschaften und Relationen aus W,
d) eine sprachliche Darstellung der Sachverhalte in M, über die die Struktur S realisiert wird,
e) die den Darstellungen in (d) zugrunde liegenden Aussageformen.

Im nachfolgenden Schema sind unsere Überlegungen zum Modellbegriff zusammengefasst.

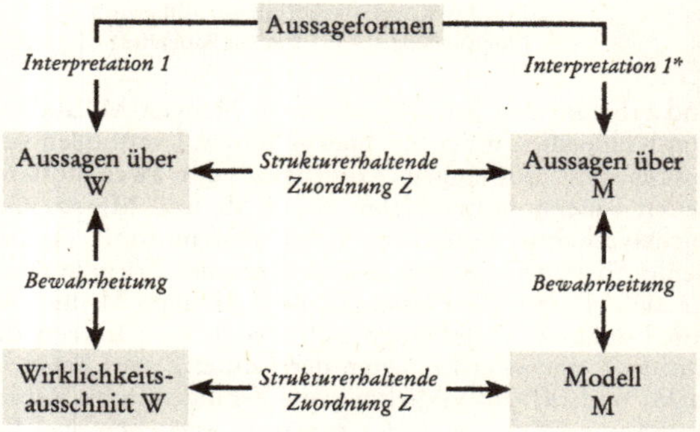

Allen aufgeführten Komponenten eines Modells begegnen wir in Wittgensteins Bildbegriff wieder. In den Sätzen 2.14 und 2.15 hebt Wittgenstein die grundlegende Relation zwischen der Wirklichkeit und einem Modell (Bild) der Wirklichkeit hervor. Die Art und Weise, wie die Elemente des Bildes sich zueinander verhalten, stellt vor, »dass sich die Sachen so zueinander verhalten«. Auch dass ein Modell selber ein Wirklichkeitsausschnitt ist und daher selber aus Tatsachen besteht, betont Wittgenstein nachdrücklich.[26]

Wittgenstein spricht von der »Form der Abbildung«. Diese ist »die Möglichkeit, dass sich die Dinge so zueinander verhalten, wie die Elemente des Bildes« (Satz 2.151). Ein Wirklichkeitsausschnitt W* ist nur dann ein Modell für einen Wirklichkeitsausschnitt W, falls sich die Gegenstände in W genauso verhalten wie die Dinge im Modell W*. Spricht Wittgenstein von der »Form der Abbildung«, meint er daher die Sachverhalte, über die im Modell die Struktur S realisiert wird, zusammen mit der als strukturerhaltend intendierten Zuordnung Z auf mögliche strukturgleiche Sachverhalte im Wirklichkeitsausschnitt W (vgl. dazu auch den Satz 2.17). Das nachfolgende Schema ordnet Wittgensteins Rede von der »Form der Abbildung« in den allgemeinen Modellbegriff, wie er in 3.1 entwickelt wurde, ein (vgl. Schema auf S. 70).

Der Wirklichkeitsausschnitt und sein Modell sind voneinander getrennt und haben zuerst einmal nichts miteinander zu tun (vgl. die Sätze 2.1513–2.1515). Ohne eine Zuordnungsvorschrift wird kein Wirklichkeitsausschnitt zum Modell für einen anderen Wirklichkeitsausschnitt. Wittgenstein drückt das in den Worten aus, dass ein Wirklichkeitsausschnitt und sein Modell etwas gemeinsam ha-

26 In diesem Sinne ist das Bild eine Tatsache, wie Satz 2.141 feststellt.

<table>
<tr><td colspan="2">Zu einem Modell M über einen Wirklichkeitsausschnitt W gehören:</td></tr>
<tr><td>a) der Wirklichkeitsausschnitt M;
b) Sachverhalte in M, über die die Struktur S realisiert wird;
c) eine als strukturerhaltend intendierte Zuordnung Z von Gegenständen, Eigenschaften und Relationen aus M zu entsprechenden Gegenständen, Eigenschaften und Relationen aus W;</td><td>= »die Form der Abbildung«</td></tr>
<tr><td colspan="2">d) eine sprachliche Darstellung der S realisierenden Sachverhalte;
e) die (d) zugrunde liegenden Aussageformen.</td></tr>
</table>

ben, nämlich die Struktur (vgl. die Sätze 2.16 und 2.161). Ist W* ein Modell des Wirklichkeitsausschnitts W, so stellen die Sachverhalte in W* dar, welche entsprechenden Sachverhalte möglicherweise in W realisiert sind. Die Art und Weise, wie W möglicherweise beschaffen ist, ist jedoch bestimmt durch den logischen Raum, und insofern stellt jedes Modell W* mögliche Sachlagen im logischen Raum von W dar.[27]

Von der allgemeinen »Form der Abbildung« unterscheidet Wittgenstein die »logische Form der Abbildung«. Denn das, was »jedes Bild, jeder Form auch immer, mit der Wirklichkeit gemein haben muss, um sie überhaupt – richtig oder falsch – abbilden zu können, ist die logische Form, das ist, die Form der Wirklichkeit« (Satz 2.18). Die Wirklichkeit ist die Gesamtheit der Tatsachen im logischen Raum. Die Tatsachen eines Wirklichkeitsausschnitts müssen sich durch Aussagen einer bestimmten logischen Form darstellen lassen. In diesem Sinne hat jeder Wirklichkeitsausschnitt eine bestimmte logische Form. Eine solche logische Form weist natürlich auch jedes Modell auf, ist es doch selber ein Ausschnitt der Wirklichkeit. »Ist die Form

27 In Satz 2.202 sagt Wittgenstein, dass das Bild eine mögliche Sachlage im logischen Raum darstellt.

der Abbildung die logische Form, so heißt das Bild das logische Bild« (Satz 2.181). Das logische Bild ist nichts anderes als die Beschreibung eines Wirklichkeitsausschnitts durch Sätze. Sätze sind logische Bilder der Tatsachen. Nun umfasst jedes nichtsprachliche Modell der Wirklichkeit, wie wir gesehen haben, auch eine sprachliche Darstellung. Wittgenstein sagt daher zu Recht, dass jedes nicht-sprachliche Bild immer auch ein logisches Bild sei, aber nicht umgekehrt (vgl. Satz 2.182). Das folgende Schema verortet Wittgensteins Begriff der logischen Form der Abbildung noch einmal im allgemeinen Modellbegriff:

Zu einem Modell M über einen Wirklichkeitsausschnitt W gehören:	
a) der Wirklichkeitsausschnitt M;	
b) Sachverhalte in M, über die die Struktur S realisiert wird;	
c) eine als strukturerhaltend intendierte Zuordnung Z von Gegenständen, Eigenschaften und Relationen aus M zu entsprechenden Gegenständen, Eigenschaften und Relationen aus W;	
d) eine sprachliche Darstellung der S realisierenden Sachverhalte;	= »die logische Form der Abbildung«
e) die (d) zugrunde liegenden Aussageformen.	

Sprache vermag von ihrer Form her die Welt darzustellen.[28] Aber ein Wirklichkeitsausschnitt M zusammen mit einer Zuordnungsvorschrift, die bestimmte Sachverhalte von M auf Sachverhalte eines darzustellenden Wirklichkeitsausschnitts W abbildet, garantiert noch nicht, dass M den Wirklichkeitsausschnitt W so darstellt, dass den Tatsachen im Modell (strukturgleiche, formgleiche) Tatsachen in W entsprechen. Man muss ein Modell mit der Wirklichkeit vergleichen, um zu wissen, ob es ein wahres oder falsches Bild der Wirklichkeit ist (vgl. dazu die Sätze 2.21,

28 Nach Satz 2.19 kann das logische Bild die Welt abbilden.

2.22, 2.222 bis 2.2224). Wäre dies schon aus dem Modell allein ohne Vergleich mit der Wirklichkeit zu erkennen, so wüssten wir im Vorhinein, also a priori, dass das Bild wahr ist. A priori wahre Bilder schließt Wittgenstein in Satz 2.225 jedoch ausdrücklich aus.

Die Bildtheorie des Satzes

In unseren bisherigen Betrachtungen zum Modellbegriff spielte die Sprache eine Sonderrolle. In jedes Modell ist auch eine sprachliche Darstellung der Sachverhalte, die im Modell abgebildet werden, eingearbeitet oder lässt sich zumindest einarbeiten. Der Satz ist ein logisches Bild einer Tatsache. Ist er daher auch ein Modell der Wirklichkeit, und zwar in demselben Sinne, wie ein Schiffsmodell ein Modell des Originalschiffes ist? Wittgenstein lässt daran keinen Zweifel aufkommen. Für ihn ist der Satz ein Bild oder Modell der Wirklichkeit, »wie wir sie uns denken« (Satz 4.01). Allerdings stützt er sich nicht auf das Beispiel eines Schiffsmodells, sondern auf die Beziehung zwischen einer Symphonie, ihrer Partitur und den Rillen auf der Grammophonplatte einer Aufnahme der Symphonie (vgl. Satz 4.014). Nach Wittgenstein bildet die Sprache in derselben Weise die Wirklichkeit ab, wie eine Grammophonplatte die Partitur abbildet. Das Verhältnis zwischen Grammophonplatte und Partitur ist also seinerseits ein Modell für die Abbildungsbeziehung zwischen Sprache und Wirklichkeit. Dies ist die Kernbehauptung der Bildtheorie des Satzes, die Wittgenstein im *Tractatus* vertritt.

Angesichts seiner Bildtheorie des Satzes ist es nur konsequent, dass Wittgenstein alles, was er allgemein über Bilder bzw. Modelle sagt, noch einmal für die Sprache bzw. den Satz wiederholt. Ich stelle die wichtigsten Sätze einander gegenüber:

2.13 Den Gegenständen entsprechen im Bilde die Elemente des Bildes.	3.22 Der Name vertritt im Satz den Gegenstand.
2.131 Die Elemente des Bildes vertreten im Bild die Gegenstände.	
2.14 Das Bild besteht darin, dass sich seine Elemente in bestimmter Art und Weise zueinander verhalten.	3.14 Das Satzzeichen besteht darin, dass sich seine Elemente, die Wörter, in ihm auf bestimmte Art und Weise zueinander verhalten.
2.141 Das Bild ist eine Tatsache.	Das Satzzeichen ist eine Tatsache.
2.15 Dass sich die Elemente des Bildes in bestimmter Art und Weise zueinander verhalten, stellt vor, dass sich die Sachen so zueinander verhalten.	3.21 Der Konfiguration der einfachen Zeichen im Satzzeichen entspricht die Konfiguration der Gegenstände in der Sachlage.

Wie Wittgenstein in seiner Bildtheorie den Satz auffasst, ist durchaus ungewöhnlich. Der Mond umkreist die Erde. Diese Tatsache besteht in einer bestimmten (räumlichen) Konfiguration zwischen dem Mond und der Erde. Wir beschreiben sie in dem Satz »Der Mond umkreist die Erde«. Diesen Satz zerlegen die Logiker (Semantiker) auf folgende Weise in seine Wortbestandteile:

Der Mond	*umkreist*	*die Erde*
↑	↑	↑
Name singulärer Terminus	Prädikator genereller Terminus	Name singulärer Terminus
↑	↑	↑
a	*R*	*b*

Der Satz »Der Mond umkreist die Erde« beschreibt eine Tatsache. Aber inwiefern ist der Satz »Der Mond umkreist die Erde« selber eine Tatsache, wie Wittgenstein im *Tractatus* behauptet? Das Satzzeichen »Der Mond umkreist die Erde« ist eine Tatsache insofern, als das Wort »der Mond« vor und das Wort »die Erde« nach dem Wort »umkreist« steht. Die Wortfolge

Der Mond umkreist die Erde

ist selber eine syntaktische Tatsache. Ist nun für Wittgenstein der Satz »Der Mond umkreist die Erde« nur deshalb das Bild des Sachverhalts, dass der Mond die Erde umkreist, weil die Wortfolge, die den Satz bildet, selber eine syntaktische Tatsache ist?

Der Satz ist aus Wörtern (Namen) syntaktisch konfiguriert. Diese Konfiguration ist eine Tatsache. Doch wäre es nicht auch möglich, dass jeweils ein unzerlegbares Zeichen für einen Sachverhalt steht? Niemals würden sich dann zwei Sachverhaltszeichen gemeinsame (Wort)Bestandteile teilen. Wittgenstein überlegt, was an der Welt sich mit solchen unzerlegbaren Satzzeichen nicht abbilden ließe. Nun, solche Satzzeichen könnten nicht abbilden, dass ein und derselbe Gegenstand zusammen mit anderen Gegenständen an verschiedenen Sachverhalten beteiligt ist. Die Konfiguration der Gegenstände zu immer neuen Tatsachen und Sachverhalten spiegelt allein die Konfiguration derselben Namen zu immer neuen Sätzen wider.[29]

Und noch etwas überaus Wichtiges würden unzerlegbare Sachverhaltszeichen ohne gemeinsame Bestandteile vereiteln. »Harry Potter blätterte gelangweilt in einem Exemplar von Kants ›Kritik der reinen Vernunft‹.« Diesen

29 Satz 3.21. In Satz 3.1431 heißt es, dass das Wesen des Satzzeichens sehr klar wird, »wenn wir es uns, statt aus Schriftzeichen, aus räumlichen Gegenständen (etwa Tischen, Stühlen, Büchern) zusammengesetzt denken. Die gegenseitige räumliche Lage dieser Dinge drückt dann den Sinn des Satzes aus«.

Satz haben wir zuvor noch nie gehört, gleichwohl verstehen wir ihn auf Anhieb, weil wir die Wörter, aus denen er zusammengesetzt ist, alle schon aus anderen Sätzen kennen. Würde jeder Sachverhalt aber durch ein unzerlegbares Einzelzeichen beschrieben, wäre uns ein solch produktives Sprachverstehen versagt. Ebenso wenig könnten wir uns einen Überblick über alle logisch möglichen Sachverhalte und den logischen Raum der Tatsachen verschaffen, wie uns dies mit Hilfe einer Liste von Namen möglich ist, aus denen sich alle möglichen Extensionen der Prädikate und damit alle möglichen Sachverhaltsbeschreibungen syntaktisch konstruieren lassen. Nichts Geringeres als die Logik selber wäre damit unmöglich gemacht.

Jetzt erkennen wir, wie viel von der Wiederkehr derselben Namen in ganz verschiedenen Sätzen abhängt. Genau das streicht Wittgenstein mit seiner Bildtheorie des Satzes heraus.[30]

Vor dem Hintergrund dieser Überlegungen wird ein Satz verständlich, der zunächst sehr dunkel klingt, nämlich Satz 3.1432.

> Nicht: »Das komplexe Zeichen ›aRb‹ sagt, dass a in der Beziehung R zu b steht«, sondern: Dass »a« in einer gewissen Beziehung zu »b« steht, sagt, dass aRb.

Wenden wir diesen Satz auf unseren Beispielsatz »Der Mond umkreist die Erde« an und arbeiten unsere Überlegungen zur Bildtheorie ein, so gewinnen wir die folgende Paraphrase von Satz 3.1432: Nicht das komplexe Zeichen »Der Mond umkreist die Erde«, als unanalysierte Einheit aufgefasst, sagt, dass der Mond, der in vielen

30 In Satz 4.021 sagt Wittgenstein, der Satz sei »ein Bild der Wirklichkeit: Denn ich kenne die von ihm dargestellte Sachlage, wenn ich den Satz verstehe. Und den Satz verstehe ich, ohne dass mir sein Sinn erklärt wurde«.

Sachverhalten vorkommt, zur Erde, die auch in vielen Sachverhalten vorkommt, in der Beziehung des Umkreisens steht, sondern dass das Zeichen »der Mond« in einer syntaktischen Beziehung zum Zeichen »die Erde« steht, sagt, dass der Mond, der noch in vielen anderen Sachverhalten vorkommt, zur Erde, die auch in vielen anderen Sachverhalten vorkommt, in der Beziehung des Umkreisens steht.

Das ist der Inhalt und darin liegt der eigentliche Clou der Bildtheorie des Satzes. Sätze als syntaktische Konfigurationen von Namen und damit als Tatsachen sind allein angemessen, um die Welt als die Gesamtheit der Tatsachen im logischen Raum darzustellen, Tatsachen, die durch eine Menge logisch einfacher Gegenstände (logische) Atome gebildet sind. Die Sprache kann eine Welt, deren Substanz logische Atome bilden, nur dann angemessen abbilden, wenn sich die Namenszeichen in den verschiedenen Sätzen so syntaktisch zueinander verhalten, wie sich die verschiedenen Gegenstände in den Sachverhalten des logischen Raumes zueinander verhalten. Insofern ist das Verhältnis zwischen Schiffsmodell und Originalschiff bzw. Grammophonplatte und Partitur ein Modell dafür, wie die syntaktischen Beziehungen der Namen in den Sätzen die Sachverhalte des logischen Raumes abbilden.

Sagen und Zeigen

In den letzten Abschnitten haben wir über Modelle, Bilder und ihre Beziehung zum Abgebildeten gesprochen. Im Abschnitt »Modelle« (S. 65f.) etwa haben wir dargestellt, wie man die chemischen Verbindungen als Kugelpakete veranschaulicht. Wir haben uns dabei selber Bilder und anderer Mittel der Darstellung bedient, nämlich unter anderem:

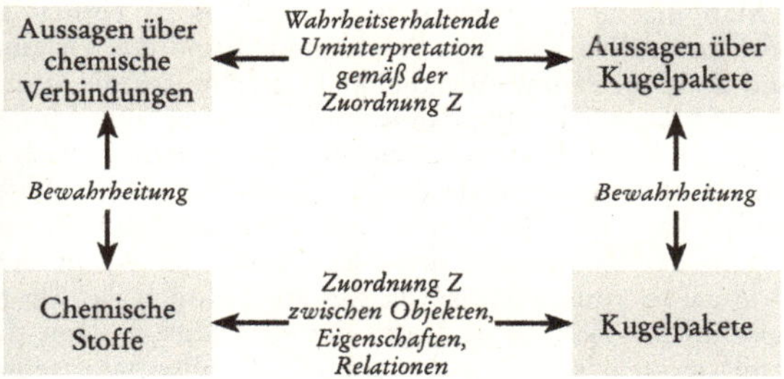

n Pakete aus G_1- und G_2-Kugeln ↔ Kohlendioxid der Stoffmenge n
1 G_1-Kugel ↔ 1 Einheit Kohlenstoff
G_2-Kugel ↔ 1 Einheit Sauerstoff

Durch die beiden Diagramme haben wir die abbildende Beziehung zwischen Kugelpaketen als Bilder der chemischen Elemente selber abgebildet. Natürlich hoffe ich, dass diese Modelle von Modellen »für sich sprechen« und vom Leser direkt verstanden werden, zum Beispiel hoffe ich, dass er die darin vorkommenden Pfeile ohne weiteres versteht. Zur Not ließe sich auch noch erklären, wie die Pfeile Dinge einander zuordnen. Aber wenn wir dies darstellen wollten, müssten wir die obigen Diagramme verlassen und zu einer anderen Darstellung greifen, etwa zu einer Beschreibung, wie die Pfeile in den beiden Diagrammen zu lesen sind. Denn niemals kann ein und dasselbe Bild darstellen, wie das Bild selber es fertigbringt, etwas anderes darzustellen, und was es mit dem Dargestellten gemeinsam haben muss, damit es Darstellung des Dargestellten sein kann. Beliebig oft können wir jedoch nicht von dem Bild einer Sache zu einem Bild des Bildes der Sache, von dort zu einem Bild des Bildes des Bildes der Sache und so weiter fortschreiten. Sogar sehr bald müssen Bilder oder sprachliche Darstellungen »für sich selber sprechen«.

Man mache sich diesen Sachverhalt noch einmal an Schiffsmodellen klar. Das Schiffsmodell und das Original sind zwei getrennte Wirklichkeitsausschnitte, die durch Zuordnungsregeln aufeinander bezogen sind. Das Modell stellt das Original »von außerhalb« dar, es handelt sich ja um ein anderes Ding als das Originalschiff. Das Schiffsmodell kann aber nicht seinerseits die Zuordnungen und Regeln der Zuordnung darstellen, über die es mit dem Original so verbunden ist, dass es zum Modell des Originalschiffes wird. »Seine Form der Abbildung« kann das Schiffsmodell selber nicht abbilden. Außerhalb seiner Darstellung des Originalschiffes steht das Schiffsmodell nicht, ja kann es nicht stehen, denn es ist gerade eine Weise, das Originalschiff darzustellen. Natürlich können wir das Schiffsmodell von außen mit dem Originalschiff vergleichen. Wir können auch noch einmal gesondert von »außen«, zum Beispiel durch sprachliche Beschreibungen, abbilden, wie das Schiffsmodell dem Originalschiff so zugeordnet ist, dass es das Original abbildet. Insofern können wir uns Modelle höherer Stufe für das Verhältnis zwischen einem Schiffsmodell und seinem Original schaffen. Trotzdem muss sehr schnell etwas ohne Hilfe eines weiteren Modells als Modell verständlich sein.

An dieser Stelle kommt eine fundamentale Grenze des Abbildens zum Vorschein. Nach Wittgenstein kann ein Bild nicht seine Form der Abbildung abbilden (vgl. Satz 2.172), dazu müsste es sich »außerhalb seiner Form der Darstellung stellen« (Satz 2.174). Auch ein Satz kann nicht seine Form der Abbildung abbilden. In den Sätzen 4.12 und 4.121 erläutert Wittgenstein das näher. Mit Sätzen können wir die Wirklichkeit insgesamt darstellen, keineswegs aber kann ein Satz darstellen, »was er mit der Wirklichkeit gemein haben muss, um sie darstellen zu können – die logische Form«. Um die logische Form darstellen zu können, »müssten wir uns mit dem Satz außerhalb der Logik aufstellen können, das heißt außerhalb der Welt«.

Also das, was »sich in der Sprache ausdrückt, können wir nicht durch sie ausdrücken«. Denn: »Der Satz zeigt die logische Form der Wirklichkeit. Er weist sie auf.«

Wittgenstein unterscheidet zwischen Sagen und Zeigen. Diese Unterscheidung ist grundlegend für den *Tractatus*. Betrachten wir ein Beispiel.[31] Eine bekannte logische Schlussregel lässt sich in der folgenden Weise wiedergeben: [*Wenn p, dann q; p: also q*]. Die Buchstaben p und q treten beide jeweils zweimal auf. Natürlich steht jeder der Buchstaben beide Male für dieselbe Aussage. Das versteht sich eigentlich von selbst und muss nicht ausdrücklich erwähnt werden. Wird dies dennoch ausdrücklich gesagt, wie ich es eben mit dem Satz »In [*Wenn p, dann q; p: also q*] steht der Buchstabe p (bzw. q) beide Male für dieselbe Aussage« getan habe, so ist diese Erläuterung nur dann verständlich, wenn klar ist, dass in diesem Satz die Buchstaben p und q außerhalb des Klammerausdrucks [...] auf ihr Vorkommen innerhalb dieser Klammer bezogen werden. In diesem Sinne aber wiederholt sich die Problematik der syntaktischen Rolle der Buchstaben p und q in »[*Wenn p, dann q; p: also q*]« noch einmal in dem Satz »In [*Wenn p, dann q; p: also q*] steht der Buchstabe p (bzw. q) beide Male für dieselbe Aussage«, mit dem diese Problematik gerade aufgeklärt werden soll. Am Ende muss »[*Wenn p, dann q; p: also q*]« oder »In [*Wenn p, dann q; p: also q*] steht der Buchstabe p (bzw. q) beide Male für dieselbe Aussage« schlicht »zeigen«, dass p (bzw. q) immer dieselbe Aussage bezeichnen.

Wir können nicht jeden Satz S syntaktisch oder semantisch wiederum durch einen weiteren Satz S' erläutern, der beschreibt, wie der ursprüngliche Satz S syntaktisch oder semantisch aufzufassen ist. Sehr bald bringen weitere Erläuterungen unserer Sätze nichts mehr; wir wiederholen

31 Vgl. auch Wittgensteins Beispiel für das, was Sätze nur zeigen, nicht jedoch sagen können, in 4.1211.

nur das, was wir mit den zu erläuternden Sätzen schon gesagt haben. Eigentlich wollen wir etwas über die Beziehung zwischen Sätzen und der Wirklichkeit sagen, doch um die Wirklichkeit zur Sprache bringen zu können, haben wir im Ernst keine anderen Sätze zur Verfügung als die, über deren Beziehung zur Wirklichkeit wir metasprachlich reden wollen.[32] Wir produzieren angesichts dieser Beschränkungen Sätze wie die folgenden: »Der Ausdruck ›Schnee‹ bezieht sich im Deutschen eben auf Schnee«; »Der Satz ›Schnee ist weiß‹ ist wahr genau dann, wenn Schnee weiß ist«. Wir erzeugen also auf einmal nur noch metastufige Tautologien.[33]

Wir sehen jetzt: Irgendwann hat jede Erklärung ein Ende. Sätze müssen dann schlicht beschreiben, was sie beschreiben, und sie müssen es beschreiben, ohne zusätzlich zu beschreiben, wie sie es bewerkstelligen, das Beschriebene zu beschreiben. Dass es ihnen gelingt, das Beschriebene zu beschreiben, sagen sie nicht, sondern es zeigt sich für uns darin, dass wir mit ihnen erfolgreich das Beschriebene beschreiben.

Nicht immer springt das Tautologische so offenkundig ins Auge wie bei dem Satz »Der Satz ›Schnee ist weiß‹ ist wahr genau dann, wenn Schnee weiß ist«. Metastufige Tautologien können verdeckter daherkommen. Aber auch der folgende Beispielsatz im Geiste von Wittgensteins Bildtheorie »In der Welt kommt die Person Immanuel Kant in verschiedenen Sachlagen vor, warum würden wir sonst in wahren Sätzen wie ›Immanuel Kant ist Autor der Kritik der reinen Vernunft‹, ›Kant war Universitätsprofes-

32 Metasprachliche Sätze sind natürlich manchmal informativ, besonders dann, wenn der metasprachliche Satz und die Sätze, über die er spricht, verschiedenen Sprachen angehören, wie in dem Beispiel »Das englische Wort ›Snow‹ bedeutet Schnee«.

33 Unter einer metastufigen Tautologie sei ein Satz über Sätze verstanden, der etwas behauptet, was die Sätze, über die er redet, bereits beinhalten. Metastufige Tautologien sind nicht dasselbe wie die Tautologien der Logik, also Aussagen der Form »p genau dann, wenn p«.

sor in Königsberg‹, ›Kant war Protagonist der Aufklärung in Deutschland‹ immer denselben Eigennamen ›Immanuel Kant‹ gebrauchen?«[34] begründet auf der Metastufe etwas für Sätze, was diese selber bereits beinhalten.

Alsbald verlieren immer neue Sätze zur syntaktischen und semantischen Explikation von Sätzen ihren explikativen Gehalt, werden für uns leer, uninformativ und letztlich überflüssig. Genau in dem Maße, wie wir immer wieder nur noch bei metastufigen Tautologien landen, dürfen wir sicher sein, an die Grenzen unserer Sprache angestoßen zu sein. Am Ende bleibt uns nichts anderes übrig, als mit der Äußerung bestimmter Sätze schlicht unsere Bezugnahme auf Sachverhalte in der Welt zu vollziehen, ohne dass diese Bezugnahme noch auf Sätze angewiesen ist, die ihrerseits wiederum die Beziehung zwischen den Sätzen und den Sachverhalten thematisieren. Wir beziehen uns mit der Sprache auf die Welt, und diesen Bezug können wir nicht durch immer neue Sätze erst sicherstellen und überbieten. In unserem Weltbezug sind wir an unsere Sprache gebunden und können sie nicht verlassen. Wie es uns mit den Sätzen gelingt, uns erfolgreich auf die Welt zu beziehen, das sagen uns die Sätze nicht ausdrücklich, das zeigt sich lediglich indirekt im Vollzug ihrer Äußerungen.

Diese Doppelgesichtigkeit von Sagen und Zeigen in jeder Rede ist nach Wittgenstein folgenreich. Wir müssen sie berücksichtigen, wollen wir unsere eigene Rolle im Ganzen der Welt angemessen begreifen oder, wie Wittgenstein am Ende des *Tractatus* in Satz 6.54 sagen wird, wollen wir »die Welt richtig sehen«. Um diese Folgen drehen sich die beiden nächsten Kapitel.

34 Vgl. zu diesem Beispiel auch Abschnitt »Die Unsinnigkeit der Sätze des *Tractatus*«.

Teil IV
Das denkende Subjekt und die Welt

Die logischen Grenzen der Welt

Wittgenstein macht keinen prinzipiellen Unterschied zwischen Denken und Reden. Was wir denken, müssen wir auch sinnvoll sagen können, und was wir sinnvoll behaupten, denken wir auch. Die Grenzen dessen, was man sinnvoll sagen (behaupten) kann, sind zugleich Grenzen dessen, was man sinnvoll denken kann.[35]

Was wir denken, muss nicht wahr sein. Aber was wir denken, muss logisch möglich sein (vgl. auch Satz 4.031). Der mit unserer Sprache gegebene logische Raum umfasst, wie wir gesehen haben, alle logischen Möglichkeiten, wie die Welt beschaffen sein könnte. Der logische Raum ist Gegenstand der Logik, handelt die Logik doch »von jeder Möglichkeit«. Die logischen Möglichkeiten sind, wie Wittgenstein sagt, »die Tatsachen« der Logik (Satz 2.0121). Wenn die Welt, sofern sie durch Aussagen beschrieben wird, von den logischen Möglichkeiten umgeben ist, wie die Welt auch aussehen könnte, dann endet die Welt, logisch betrachtet, erst an den Grenzen dessen, was logisch möglich ist, und also endet sie an den Grenzen dessen, was sinnvoll gesagt werden kann. Wiederum typisch transzendental formuliert Wittgenstein: »Die Logik erfüllt die Welt; die Grenzen der Welt sind auch ihre Grenzen« (Satz 5.61). Doch wenn die Logik es mit dem zu tun hat, was möglich ist, kann sie nicht sagen, was in der Welt der Fall ist, sie

35 In Satz 5.61 heißt es: »Was wir nicht denken können, können wir nicht denken; wir können also auch nicht sagen, was wir nicht denken können.« Denn könnten wir es sinnvoll sagen, so könnten wir es sinnvoll denken.

müsste dann Möglichkeiten ausschließen. Wie jedoch sollte sie Möglichkeiten ausschließen, wo sie gerade festschreibt, was möglich ist. »Wir können also in der Logik nicht sagen: Das und das gibt es in der Welt, jenes nicht« (Satz 5.61).

Das denkende Subjekt als Grenze der Welt

Die verschiedenen Einzelwissenschaften versuchen systematisch zu erfassen, was alles in der Welt der Fall ist. Nicht nur in der Forschung, überhaupt sind wir in unserem Leben ständig mit der Welt beschäftigt. Wir beziehen uns auf sehr verschiedene Weise auf die Welt, etwa wenn wir etwas wahrnehmen, etwas fühlen, etwas denken, uns etwas wünschen, es wollen oder beabsichtigen, uns etwas vorstellen, etwas träumen, über etwas reden oder etwas handelnd bewirken. Insofern wir uns auf verschiedene Weise auf etwas beziehen, reden die Philosophen auch von Intentionen und davon, dass wir intentionale Wesen sind.

In diesem Zusammenhang kommt nun aber etwas Entscheidendes hinzu: Wir Menschen besitzen die besondere Fähigkeit, uns selbstreflexiv darauf zu beziehen, wie wir uns auf die Welt beziehen. Das ist nicht zuletzt das Thema der Philosophie. Sie thematisiert nicht einfach die Welt, sondern sie thematisiert selbstreflexiv unsere intentionale Bezugnahme auf die Welt. Der *Tractatus* ist Philosophie in diesem Sinne. Er will uns nicht selbstvergessen mitteilen, was alles in der Welt der Fall ist. Für die Tatsachen in der Welt sind nach Wittgenstein ausschließlich die empirischen Wissenschaften zuständig.[36] Die Überlegungen des *Tractatus* werden vielmehr durch eine Frage in Gang gesetzt, die sich auf unsere Bezugnahme auf die Welt richtet und insofern typisch philosophisch ist. Wie muss die Welt beschaffen sein, damit wir über sie sprechen können? Wie

36 Vgl. Abschnitt »Die gesamte Naturwissenschaft«.

stellt sich die Welt dar, betrachtet man sie vom Standpunkt der logischen Form- und Struktureigenschaften der Sätze, mit denen wir die Welt beschreiben?

Sobald wir uns bewusst auf die Welt beziehen, werden wir uns auch unserer selbst bewusst. Denken wir über die Welt nach, sind wir es, die über die Welt nachdenken, und wir wissen, dass wir es sind, die über die Welt nachdenken. Es ist immer ein Subjekt, das zu sich selbst »ich« sagen kann, das redet und denkt. Wittgenstein behauptet deshalb nicht einfach nur, dass die Grenzen der Sprache die Grenzen der Welt sind, sondern dass »die Grenzen meiner Sprache die Grenzen meiner Welt bedeuten« (Satz 5.6). Das Possessivpronomen »mein« bringt das Ich, das Selbst, das Subjekt ins Spiel.

Worüber das Subjekt redet und denkt, sind die Objekte seines Redens und Denkens. Auch andere Weisen der Bezugnahme als Reden und Denken konstituieren jeweils eine Subjekt-Objekt-Beziehung. Die Subjekt-Objekt-Beziehung ist fundamental für unsere Stellung in der Welt.

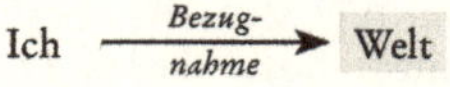

Das voranstehende Bildchen illustriert die Subjekt-Objekt-Beziehung, und es tut dies auf eine sehr suggestive Weise, legt es doch nahe, dass ich als Subjekt von der Welt getrennt bin. Aber bin ich als ein denkendes und redendes Subjekt nicht selber Teil der Welt? Eigentlich müsste man das Bild korrigieren, etwa so:

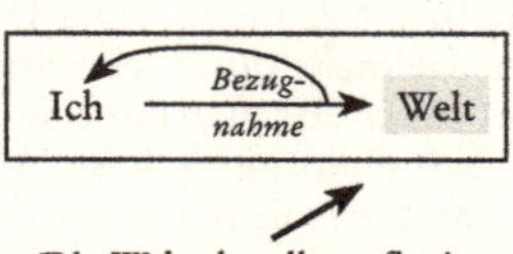

Die Welt als selbstreflexiv abgeschlossenens Ganzes

In dem korrigierten Bild wird ein vorrangiges Ziel des Philosophierens sichtbar gemacht, das Ziel nämlich, die Welt als eine Einheit zu begreifen von Objekten und Subjekten, die intentional auf die Objekte und zugleich auf sich als intentional Bezugnehmende gerichtet sind. Die Philosophie will die Welt als ein selbstreflexiv abgeschlossenes Ganzes denken.

Das Ich ist Teil der Welt. Das lässt sich sogar mit Überlegungen im Geiste des *Tractatus* begründen. Denke ich selbstreflexiv darüber nach und rede, wie ich über Sachverhalte in der Welt nachdenke, ist dies selber ein Sachverhalt. Nun gehören die Gegenstände (Dinge), die in den sprachlich sinnvoll darstellbaren Tatsachen in der Welt vorkommen, selber der Welt an. Also sind die Subjekte Teil der Welt. Trotzdem tut sich an dieser Stelle ein Problem auf. Es lässt sich (in Grenzen) illustrieren durch eine Zeichnung aus dem Buch *Die Analyse der Empfindungen* von Ernst Mach (1838–1916).[37] (siehe Abb. auf S. 86).

Das Bild von Mach beleuchtet schlaglichtartig, dass ich mir selber beim Betrachten der Welt nicht, metaphorisch gesprochen, »über die Schulter schauen« kann. Ich als das Subjekt einer aktuellen Wahrnehmung der Welt komme nicht vor als Teil der Welt, die ich wahrnehme. Wenn ich wahrnehme, denke und rede, bin ich als das Subjekt, das gerade wahrnimmt, nachdenkt und redet nicht Inhalt, nicht Gegenstand der Wahrnehmung, des Gedankens und der Rede.

Aber kann ich mich nicht selbstreflexiv zum Objekt meines Nachdenkens machen? Freilich kann ich das. Aber ich als das Subjekt eines Gedankens über mich selbst füge durch den Vollzug dieses Gedankens dem, was ich gerade über mich denke, etwas hinzu, was noch nicht explizit in dem über mich Gedachten enthalten ist, nämlich dass ich gerade darüber nachdenke, dass das und das mit mir der

37 Mach (1991) S. 15.

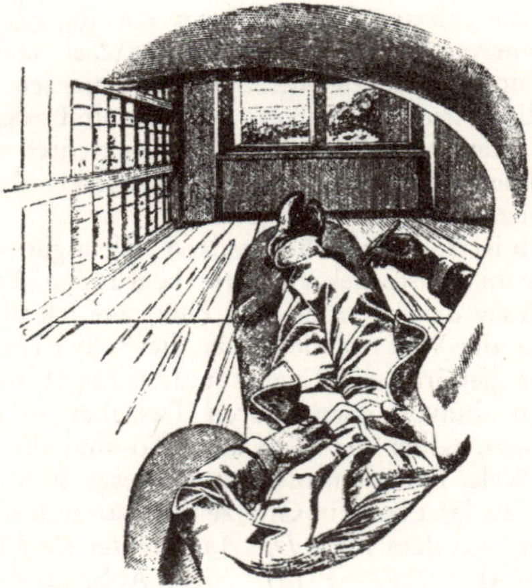

Fall ist. Niemals vermag ich es, mich selbst als Subjekt meiner Gedanken und meines Redens vollständig einzuholen und zu objektivieren.

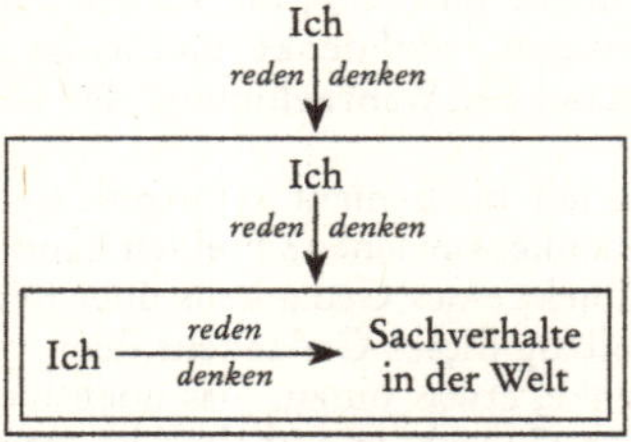

Ich als das Subjekt meines aktuellen sinnvollen Gedankens falle aus den Inhalten der Welt heraus, auf die ich momentan Bezug nehme, und bilde immer die Grenze der Welt, über die ich nachdenke. Diese Begrenzungsfunktion des Ich versucht das obige Bild zu veranschaulichen, und auch Wittgenstein redet über sie im *Tractatus.* »Das Subjekt gehört nicht zur Welt, sondern es ist eine Grenze der Welt« (Satz 5.632). Das denkende, vorstellende Subjekt gibt es jedenfalls nicht in dem Sinne, wie es die Gegenstände (Dinge) in der Welt gibt, die in Tatsachen der Welt vorkommen, über die in sinnvollen Sätzen geredet werden kann. Das denkende Subjekt des jeweils aktuellen Gedankens ist nicht Gegenstand des Sachverhalts, den das Subjekt gerade denkt. Bei Wittgenstein heißt es: »Das denkende, vorstellende Subjekt gibt es nicht« (Satz 5.631), nämlich nicht als Inhalt der schon beschriebenen und gedachten Welt.

Mein eigener Leib ist selbstverständlich ein Gegenstand unter anderen Gegenständen in der Welt. Er kommt in Sachverhalten vor, über die ich sinnvoll reden kann. Das führt die obige Zeichnung aus dem Buch von Mach besonders eindrücklich vor Augen. Woher weiß ich, was zu meinem Leib gehört? Nach Wittgenstein ist unter allen wahrnehmbaren materiellen Dingen in der Welt mein Leib als derjenige ausgezeichnet, auf den ich willentlichen Einfluss ausüben kann. Was aber ist dieses Ich, das die Glieder meines Leibes willentlich beeinflusst? Nun, es ist genau dieses, nämlich das Ich, das die Glieder meines Leibes bewegen will und kann. So wird mein Ich identifiziert (»isoliert«, wie Wittgenstein sagt). »Wenn ich ein Buch schriebe ›Die Welt, wie ich sie vorfand‹, so« wäre in diesem »auch über meinen Leib zu berichten und zu sagen, welche Glieder meinem Willen unterstehen und welche nicht etc.; dies ist nämlich eine Methode, das Subjekt zu isolieren, oder vielmehr zu zeigen, dass es in einem wichtigen Sinne kein Subjekt gibt«: Von diesem allein nämlich »könnte in diesem Buch *nicht* die Rede sein« (Satz 5.631). Der letzte Teil des Zitats leuchtet nicht auf Anhieb ein.

Warum ist die Methode, ein Subjekt über seinen Leib zu identifizieren, eine Methode »zu zeigen, dass es in einem wichtigen Sinne kein Subjekt gibt«?

Nehmen wir an, dass ich im Augenblick denke, dass p der Fall ist. Ich vollziehe diesen Gedanken über den innerlich gesprochenen Satz »Ich denke gerade, dass p der Fall ist«. Es würde merkwürdig klingen, würde ich sagen, dass ich, der gerade denkt, dass p der Fall ist, gar nicht existiere. Ich kann nicht sinnvoll sagen, dass ich nicht existiere. In welchem »wichtigen Sinne« gibt es mich trotzdem nicht, wie Wittgenstein ausdrücklich behauptet? Ich, der augenblicklich denkt, dass p der Fall ist, komme selber nicht im Sachverhalt p vor. Doch kann ich mich nicht mit dem Satz »Ich denke gerade, dass p der Fall ist« problemlos zum Gegenstand eines Sachverhalts machen, der den Sachverhalt p und meinen denkenden Bezug auf p einschließt? Sicher kann ich das, aber sofort geraten wir in Wittgensteins Unterscheidung von Sagen und Zeigen. Dass ich als Subjekt meines momentanen Gedankens nicht in derselben Weise in Sachverhalten vorkomme wie die Gegenstände, über die ich jetzt sinnvoll rede (denke), kann nicht angemessen gesagt werden. Es zeigt sich nur im Vollzug von Sätzen und Gedanken wie »Ich denke im Augenblick, dass p der Fall ist«. Wenn ich in einem Buch aufschreibe, was ich alles in der Welt vorfinde, so bin ich als Subjekt, das die Gedanken dieses Buches denkt, nicht Teil der in diesem Buch beschriebenen Welt. Von meinem Leib als dem Teil der wahrnehmbaren und objektivierbaren Welt, der meinem Willen untersteht, kann das Buch handeln. Sobald ich denke: »Ich bin derjenige, dessen Willen dieser Organismus untersteht«, ist das Ich, das diesen Gedanken vollzieht, schon nicht mehr expliziter Gegenstand dieses Satzes oder Gedankens. Es ist wieder das Ich, das an der Grenze der soeben beschriebenen Welt steht. Und wenn ich den Gedanken vollziehe: »Ich bin derjenige, der die und die psychischen Eigenschaften hat«, so ist das über seine seelischen Eigenschaften identifizierte Ich schon ein Ich, das mit dem Vollzug dieses Gedankens eine Eigenschaft hinzugewonnen hat, die in den gedachten Eigenschaften noch nicht enthalten und auch noch nicht mitgesagt war. Daher kann Wittgenstein in Satz 5.641 sagen: »Es gibt also wirklich einen Sinn, in welchem in der Philosophie nicht-psychologisch vom Ich die Rede sein kann. Das Ich tritt in die Philosophie dadurch ein, dass die ›Welt meine Welt ist‹. Das philosophische Ich ist nicht der Mensch, nicht der menschliche Körper, oder die menschliche Seele, von der die Psychologie handelt, sondern das metaphysische Subjekt, die Grenze – nicht ein Teil – der Welt.«

Die Wahrheit des Solipsismus

Solipsismus ist die philosophische Lehre, dass nur mein Bewusstsein existiert und die restliche Welt lediglich der Inhalt (der Gegenstand) meines Bewusstseins ist. Wittgenstein thematisiert den Solipsismus im *Tractatus* explizit. In Satz 5.62 sagt er, dass das, was der Solipsismus meint, ganz richtig sei, »nur lässt es sich nicht sagen, sondern es zeigt sich. Dass die Welt meine Welt ist, das zeigt sich darin, dass die Grenzen der Sprache (der Sprache, die allein ich verstehe) die Grenzen meiner Welt bedeuten«. Die Welt existiert für mich nur so lange, wie ich (bewusst) lebe. Wenn ich etwas von der Welt erfahre, bin ich es, dem dies bewusst wird. Für mich existiert die Welt nur insoweit, wie ich um sie weiß. Und was ich von der Welt bewusst erfahre und weiß, ist etwas, was ich sinnvoll denken und beschreiben kann. Die Grenzen der von mir verstandenen Sprache, die Grenzen meiner Sprachen sind die Grenzen meiner Welt. Ich kann meine Sprache, meine Gedanken, mein Bewusstsein nicht verlassen. Nur durch meinen Tod hört die Welt für mich auf zu existieren, wie es in Satz 6.431 heißt.

Angenommen, der Solipsismus ist falsch, dann wäre der Satz »Die Welt existiert unabhängig von meinen Gedanken« wahr. Doch ist dieser Satz wahr? Sobald ich diese Frage erwäge, denke ich unter anderem den Satz: »Die Welt existiert unabhängig von meinen Gedanken.« Nun wird auf eigentümliche Weise im verstehenden Vollzug dieses Gedankens sein Inhalt weder illustriert noch gestützt, im Gegenteil. Die in dem Gedanken als unabhängig von meinen Gedanken beschriebene Welt wird ja gleichwohl in diesem Augenblick *von mir* als unabhängig *gedacht.* Die von mir unabhängige Welt ist, solange ich lebe, also denke, für mich stets eine von mir unabhängig gedachte Welt.

So viel ist am Solipsismus richtig, und Wittgenstein glaubt, dass der Solipsismus genau das auch »meint«. Gleichwohl kann er es nach Wittgenstein nicht behaupten. Die Wahrheit des Solipsismus hängt nämlich nicht daran, ob bestimmte Sätze inhaltlich wahr sind oder nicht. Angenommen, ich denke den Kerngedanken des Solipsismus »Die Welt existiert nur als Inhalt meiner Gedanken«. Unabhängig von der Richtigkeit dieses Satzes bin ich es, der im Augenblick dieses denkt. In diesem Vollzug meines Gedankens zeigt sich, was der Solipsismus meint, nicht in dem, was er sagt. Aber das, so mag man einwenden, lässt sich leicht ändern, indem ich die Selbstreflexion eine Stufe höher treibe und jetzt denke: »Ich bin es, der jetzt denkt, dass die Welt nur als Inhalt meiner Gedanken existiert.« Erneut hängt das Richtige am Solipsismus nicht am Inhalt dieses Gedankens, sondern das, was der Solipsismus richtigerweise meint, zeigt sich nur in meinem Vollzug dieses jetzt höherstufigen Gedankens. Diese Überlegungen wiederholen sich, gleichgültig welche Stufe der Selbstreflexion ich dabei erklimme.

Nach Wittgenstein fällt der »streng durchgeführte Solipsismus« auf eigentümliche Weise mit dem Realismus zusammen (vgl. Satz 5.64). Das Ich-denke-dass, das alle meine Bezugnahmen auf die Welt begleitet, wird durch nichts erfasst, was Inhalt einer Bezugnahme auf die Welt ist.[38] Am Ende »schrumpfen«, wie es in Satz 5.64 heißt, alle Bestimmungen des Ichs darauf zusammen, dass es das denkende Subjekt eines Gedankens ist. Aber diese Bestimmung ist nicht Teil der Inhalte, die das Subjekt dabei denkt. Als Inhalt bleibt nur die diesem bestimmungslosen Ich »koordinierte«, eben die von ihm gedachte Realität.

Angenommen, ich denke »Ich bin derjenige, der die und die physischen oder psychischen Eigenschaften hat«. Indem ich diesen Gedanken vollziehe, erwerbe ich über die Eigenschaften hinaus, die ich mir gerade zuschreibe, eine weitere. Die nachfolgende Zeichnung versucht das zu illustrieren.

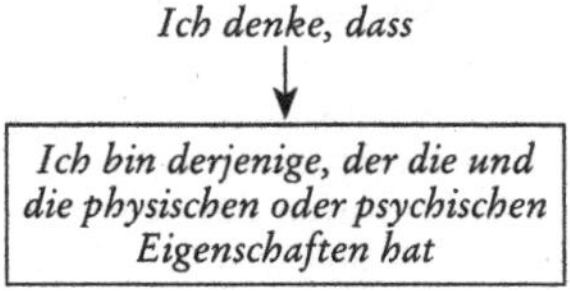

Und wieder setzt sich das auf jeder weiteren Stufe der Reflexion fort:

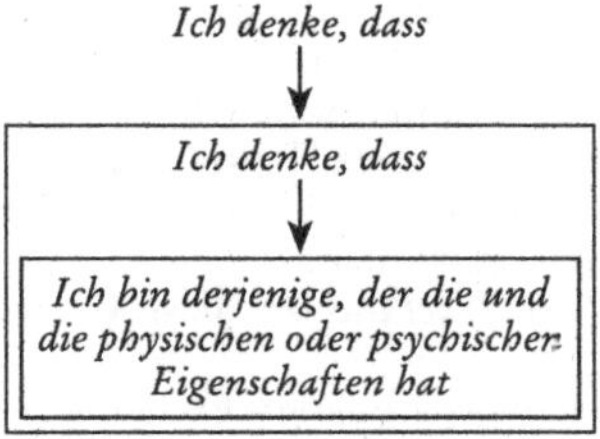

38 Das ist jedenfalls Wittgensteins Behauptung. Will man jedoch das Ich als Subjekt der Bezugnahme mit dem Ich, auf das Bezug genommen wird,

So bleibt als Grenze der Welt das eigenschaftslose Subjekt des jeweils letzten Gedankens auf der letzten Stufe der Selbstreflexion. Zu Recht behauptet Wittgenstein, dass »das philosophische Ich nicht der Mensch, nicht der menschliche Körper, oder die menschliche Seele« ist, sondern »das metaphysische Subjekt, die Grenze – nicht ein Teil – der Welt« (Satz 5.641).

Die Unsinnigkeit der Sätze des *Tractatus*

Es ist ein fundamentales Ziel des Philosophierens, die Welt als eine Einheit zu begreifen von Objekten und Subjekten, die intentional mit den Objekten befasst sind. Die Philosophie will die Welt selbstreflektierend als ein selbstreflexiv abgeschlossenes Ganzes denken. Aber diesem Ziel stellt sich aus der Sicht Wittgensteins ein massives Hindernis entgegen. Die philosophische Selbstreflexion muss über das Selbst und die Sprache reden und müsste eigentlich auf immer höhere Stufen der Selbst- und Metareflexion steigen. Wir wissen aus dem *Tractatus* jedoch längst, dass wir mit Sätzen unser auf die Welt und uns selbst bezogenes Denken letztlich schlicht vollziehen müssen, ohne dass wir wiederum das Gesagte auf der nächsthöheren Stufe der Selbst- und Metareflexion noch weiter klären und erklären können. Unser Aufstieg in der Selbst- und Metareflexion kommt sehr schnell zum Erliegen, zum Beispiel durch metastufige Tautologien. Wir sagen dann nur noch immer wieder dasselbe. Es wäre unsinnig, dann noch weiterreden zu wollen.

Stößt auch der *Tractatus* an diese Grenze? Betrachten

identifizieren, ist das eine komplizierte Identitätsrelation, die sich nicht so einfach analysieren und definieren lässt wie die Identität im Sinne der formalen Logik, die Wittgenstein im *Tractatus* allein im Blick hat. Wir können diese sehr verwickelte Problematik eines Begriffs der personalen Identität hier aber nicht weiter verfolgen.

wir zwei typische Sätze des *Tractatus*. Die Welt ist die Gesamtheit der Tatsachen im logischen Raum. Greifen wir für die Betrachtung dieses ersten Satzes auf unsere Analyse im zweiten Kapitel zurück, so besagt der zuletzt formulierte Satz eigentlich nicht mehr als dieses: Die Welt, insofern sie durch Sätze einer Sprache beschrieben wird, ist die Gesamtheit aller Tatsachen, die durch die wahren Elementarsätze unserer Sprache beschrieben werden, die wiederum eine Menge in der Menge aller logisch möglichen Verteilungen der Wahrheitswerte auf die Elementarsätze festlegen. Aber auch für Wittgenstein ist ein Satz »p« genau dann wahr, wenn p in der Welt der Fall ist. Fragt man daher, warum die Welt die Gesamtheit aller Tatsachen im logischen Raum ist, so muss man zur Antwort geben: Ein Sachverhalt p ist in der durch S beschreibbaren Welt genau dann der Fall, wenn der Satz »p« als Wahrheitsfunktion der Elementarsätze aus dem logischen Raum der Sprache S wahr ist. Hinter dem Satz des *Tractatus* »Die Welt ist die Gesamtheit der Tatsachen im logischen Raum« steht mithin eine typische metastufige Tautologie, die wiederholt, was die Sätze, von denen sie handelt, bereits beinhalten.[39]

Oder betrachten wir den zweiten Satz aus dem *Tractatus*, dass die Gegenstände wesentlich in Sachverhalten vorkommen.[40] Gegenstände der Welt sind nur solche Entitäten, die im Satz durch Namen vertreten werden. Warum ist es für die Gegenstände wesentlich, in Sachverhalten vorzukommen? Namen sind logisch dazu bestimmt, in Sätzen diejenigen Gegenstände zu benennen, die in den

39 Wirklich informativ ist an dem *Tractatus*-Satz nur der Verweis auf den logischen Raum und damit letztlich die These, dass alle Sätze Wahrheitsfunktionen von Elementarsätzen sind und die wahren Elementarsätze zusammen eine Menge aus der Menge aller logisch möglichen Verteilungen auf die Elementarsätze festlegen.

40 Also das, was unter anderem die Sätze 2.011, 2.012 und 2.0121 des *Tractatus* beinhalten.

Sachverhalten vorkommen, die ihrerseits durch die Sätze dargestellt werden. An einem Beispiel ergibt das: Der Gegenstand Immanuel Kant kommt in dem Sachverhalt, dass Kant Universitätsprofessor in Königsberg war, genau dann vor, wenn der Ausdruck »Immanuel Kant« in dem Satz »Immanuel Kant war Universitätsprofessor in Königsberg« als Name vorkommt und dieser Satz wahr ist. Hier ist sie wieder, die metastufige Tautologie.

Auch in seiner Analyse, welchen Platz das denkende Subjekt in der Welt einnimmt, musste Wittgenstein mit der Schwierigkeit kämpfen, nicht mehr wirklich sagen zu können, was er eigentlich sagen will. Diese Schwierigkeit hat ebenfalls mit der Hierarchie aufeinander aufbauender Reflexionsstufen zu tun. Machen wir uns das noch einmal klar. Angenommen, ich denke zurzeit, dass p der Fall ist. Ich vollziehe diesen Gedanken über den Satz »p ist der Fall«. Dass ich es bin, der das denkt, wird in diesem Satz nicht erwähnt. Dies geschieht erst in dem selbstreflexiven Satz »Ich denke, dass p der Fall ist«. Das aber ist selber ein neuer Gedanke. Erneut verrät dieser Satz nicht, dass ich es bin, der ihn denkt. Erst der Satz »Ich denke, dass ich denke, dass p der Fall ist« macht das Subjekt des vorangegangenen Gedankens explizit. Wir können dieses Spielchen zwar nicht beliebig, aber doch noch eine ganze Weile fortsetzen. »Ich denke, dass ich denke, dass [...] dass ich denke, dass p der Fall ist.« Stellt man dem jeweils Gesagten ein weiteres »Ich denke, dass« voran, hat man nicht den Eindruck, etwas wirklich Informatives und Neues gesagt zu haben. Das Ich als das Subjekt des jeweils letzten Gedankens fängt man auf diese Weise sprachlich nicht ein, man rennt ihm nur quasi immer eine Stufe zu spät hinterher.

Wittgenstein drückt die eigentümliche Unmöglichkeit, das Ich sprachlich zu erfassen, unter anderem in dem Satz aus »Das denkende, vorstellende Subjekt gibt es nicht«. Eigentlich ist es Unfug, die Existenz des denkenden Subjekts zu leugnen. Das will Wittgenstein ja auch gar nicht behaupten. Vielmehr will er darauf hinweisen, dass das denkende Subjekt mit jedem Satz, den es denkt, schon nicht mehr vollständig durch diesen Satz beschrieben wird. In diesem Sinne kommt das Ich in keinem Satz vor, den es denkt. Doch zu sagen, dass es mich nicht gibt, ist und bleibt natürlich Unsinn. Denn wenn ich zum Beispiel denke, dass es das Subjekt nicht gibt, bin ich das Subjekt, das von sich denkt, dass es gar nicht existiert. Der Satz »Ich bin das Subjekt, das von sich denkt, dass es gar nicht in der Welt existiert« ist jedoch unsinnig.

Wörtlich betrachtet sind alle diese Sätze wie »Es gibt mich, das denkende Subjekt, nicht«, »Ich kann auf nichts in der Welt verweisen, mit dem ich identisch wäre«, »Ich bin das Subjekt, das von sich denkt, dass es gar nicht in der Welt existiert« unsinnig. Eigentlich will ich etwas anderes sagen, aber wie immer ich es zu sagen versuche, greife ich am Ende zu Formulierungen, die, wörtlich genommen, falsch, gar widersprüchlich sind. In dem Augenblick, wo ich den Unsinn dieser Sätze erkenne, sehe ich zugleich etwas Richtiges über das denkende Subjekt, was ich aber nur in unsinnigen Sätzen wie »Das denkende Subjekt gibt es nicht« oder »Das denkende Subjekt ist die Grenze der Welt« sagen könnte.

Selbstreflexion auf das Subjekt von Gedanken und Metareflexion auf den sprachlichen Ausdruck der Gedanken hängen eng miteinander zusammen. Beide eröffnen eine, theoretisch betrachtet, endlose Stufenhierarchie. Doch wer sie selbstreflexiv und metareflexiv durchläuft, endet schon nach kurzer Zeit bei Sätzen wie »Ich denke, dass ich denke, dass [...] dass ich denke, dass p der Fall ist«, »Es gibt mich, das denkende Subjekt, nicht«, »Ich bin das Subjekt, das von sich denkt, dass es gar nicht in der Welt existiert« und bei mehrstufigen Tautologien wie »Ein Sachverhalt p ist in der durch S beschreibbaren Welt genau dann der Fall, wenn der Satz ›p‹ (als Wahrheitsfunktion der Elementarsätze) der Sprache S wahr ist«. Solche Sätze sind nicht das Paradigma sinnvoller informativer Mitteilungen und Gedanken. Man darf sie getrost »unsinnig« nennen.

Wir begegnen solchen Sätzen im *Tractatus*. Das ist nicht verwunderlich, weil konsequente Selbst- und Metareflexion, wie sie Wittgenstein im *Tractatus* anstellt, früher oder später bei solchen Sätzen ankommen muss. Zudem gehören Selbst- und Metareflexion vorrangig zum Geschäft der Philosophie, und nicht zuletzt der *Tractatus* ist Philosophie in diesem Sinne. Nennt Wittgenstein die Sätze der Philosophie im Allgemeinen und die des *Tractatus* im Besonderen deshalb unsinnig? Die Sachlage ist verwickelter. Es ist hilfreich, die Frage nach der Unsinnigkeit philosophischer Sätze von der Frage der Unsinnigkeit der *Tractatus*-Sätze abzukoppeln. Die Unsinnigkeit philosophischer Sätze erörtern wir erst im 6. Kapitel. Reden wir jetzt also nur über den *Tractatus* und seine Sätze.

Sicher, viele wichtige Sätze im *Tractatus* enthüllt eine genauere Analyse als unsinnig, unsinnig allerdings nur in dem eben erläuterten sehr speziellen Sinne. Aber, innerhalb des *Tractatus* haben selbst diese Sätze eine Funktion, nämlich die, uns erkennen zu lassen, dass in einem Satz niemals mitgesagt ist, das und welches Ich es ist, das den Inhalt des Satzes denkt, und wie der Satz es macht, sich so auf die Wirklichkeit zu beziehen, dass er beinhalten kann, was er beinhaltet. Durch die Lektüre des *Tractatus* sollen wir begreifen, wie folgenreich das für unsere Selbst- und Metareflexion ist. Wir sollen einsehen, dass wir Dinge über uns selbst und unsere Sprache sagen möchten, die wir nicht sagen können, die sich vielmehr im Vollzug sinnvoller Sätze nur zeigen. Doch das alles zeigt sich uns erst, wenn wir bei dem Versuch, das Unsagbare doch zu sagen, unsinnige Sätze produzieren. Diese Einsicht kann uns auch der *Tractatus* niemals auf andere Weise vermitteln, als dass er selber über das Selbst und die Sprache

Dinge zu sagen versucht und dabei selber die typischen, aber unsinnigen Sätze hervorbringt. Diese Funktion unsinniger Sätze im *Tractatus* vergleicht Wittgenstein im vorletzten Satz 6.54 mit dem Aufstieg auf einer Leiter. »Meine Sätze erläutern dadurch, dass sie der, welcher mich versteht, am Ende als unsinnig erkennt, wenn er durch sie – auf ihnen – über sie hinausgestiegen ist. (Er muss sozusagen die Leiter wegwerfen, nachdem auf er auf ihr hinaufgestiegen ist.) Er muss diese Sätze überwinden, dann sieht er die Welt richtig.«

Trotzdem darf man Wittgenstein nicht zu viel durchgehen lassen. Unsinnig sind die Sätze des *Tractatus* sicher nicht in demselben Sinne, wie die Sätze »Angela Merkel ist größer als vielleicht«, »Primzahlen sind blau«, »Elizaher bratscheln fiduluim« aus syntaktischen oder semantischen Gründen sinnlose Sätze sind. Außerdem sagen viele Sätze des *Tractatus* selbstverständlich das informativ und wahrheitsgemäß, was mit ihnen gesagt werden soll. Zum Beispiel ist es wahr und alles andere als trivial, dass alle Prädikate und damit alle logisch möglichen Sachverhalte und alle logisch möglichen Welten extensional bestimmt sind, sobald für jeden Gegenstand ein Name in der Sprache vorhanden ist. Und schließlich sind selbst die sogenannten unsinnigen Sätze des *Tractatus* nicht funktionslos, wie wir soeben dargelegt haben. Wittgenstein selber beharrt in Satz 6.54 auf dieser Funktion, und er tut dies zu Recht. Insofern überspannt Wittgenstein bei weitem den Bogen, stuft er pauschal seine eigenen Sätze im *Tractatus* als unsinnig ein.

Teil V
Das Ethische

»Tun, was Gott befiehlt« und das Schweigen darüber

Über das Ethische wird geredet. Und ohne Zweifel wird über das Ethische oftmals zu viel geredet. Nicht selten wird über das Ethische geschwafelt. Wittgenstein bedient sich dafür des schönen Wiener Ausdrucks, es werde über die Ethik »geschwefelt«[41]. Wittgenstein war Geschwafel zuwider, besonders über das Ethische. Über das ethisch Richtige muss ja auch gar nicht viel gesagt werden, es muss vor allem getan und gelebt werden. Diejenigen, die sich über die Ethik verbreiten, dies vielleicht sogar professionell tun wie die Philosophen und Theologen, sind längst nicht immer diejenigen, die das ethisch Richtige vorleben.[42] Umgekehrt verlieren manche Menschen über das Ethische wenig Worte, zeigen jedoch in der Art, wie sie leben, was für sie das Leben bedeutet, welchen Sinn es für sie hat, worin sie ihr Glück finden, was sie für ihre Pflichten halten. Es ist sogar selbst eine ethische Haltung, das ethisch Richtige zu tun, ansonsten aber über dies möglichst zu schweigen. Eine solche Haltung entspricht Wittgensteins Ideal.

41 In jenem Brief an Ludwig von Ficker (1880–1967), aus dem im ersten Kapitel schon zitiert wurde, sagt Wittgenstein über das Ethische: »Kurz, ich glaube: Alles das, was viele heute *schwefeln*, habe ich in meinem Buch festgelegt, indem ich darüber schweige«; zitiert nach Janik/Toulmin (1998) S. 227 (Hervorhebung im Original).

42 Der berühmte, selbstgefällige Spruch des Philosophen Max Scheler (1874–1928), der Ethiker sei wie ein Wegweiser, aber er brauche selber den Weg nicht zu gehen, den er weist, wäre für Wittgenstein geradezu ekelhaft gewesen.

Wittgenstein verwendet die Ausdrücke »Ethik« und »das Ethische« in einer sehr weiten Bedeutung. Ethik meint bei Wittgenstein nicht nur das Nachdenken über das moralisch Gute und Schlechte im engeren Sinne, sondern jenseits der Frage nach moralischen Rechten und Pflichten auch das Nachdenken über das Glück, den Sinn des Lebens, über die Frage, wann ein Leben gelingt oder misslingt. 1930 hielt Wittgenstein einen öffentlichen *Vortrag über Ethik*. Trotz des zeitlichen Abstandes von mehr als zehn Jahren sieht Wittgenstein die Ethik in seinem Vortrag immer noch so wie im *Tractatus*.[43] In dem Vortrag definiert Wittgenstein mit George E. Moore die Ethik als die »allgemeine Untersuchung dessen, was gut ist«. Anschließend erläutert er, wie weit er diese Begriffsbestimmung aufgefasst sehen möchte, denn er betont, dass er auch hätte sagen können, »in der Ethik gehe es darum, den Sinn des Lebens zu erkunden, zu untersuchen, was das Leben lebenswert macht, oder zu erforschen, welches die rechte Art zu leben ist«[44].

Der im *Tractatus* so wichtige Gegensatz zwischen Dingen, über die geredet werden kann, und solchen, die sich nur zeigen, erstreckt sich für Wittgenstein vor allem auch auf die Ethik. Was für jemanden das Gute, das Glück, der Sinn des Lebens ist, soll er wortlos vorleben, nicht jedoch viele Worte darum machen. In diesem ethischen Ideal ist Wittgenstein stark vom russischen Schriftsteller Leo Tolstoi beeinflusst. Besonders Tolstois *Volkserzählungen* und die kleine Schrift *Kurze Darlegung des Evangelium* haben Wittgenstein tief beeindruckt. Tolstois Erzählung *Die beiden Alten* hat er geliebt.

In *Die beiden Alten* wird die Geschichte zweier Bauern aus einem russischen Dorf erzählt, die auf ihre alten Tage das vor langer Zeit abgelegte Gelübde einlösen, eine Pil-

43 Insofern ist der *Vortrag über Ethik* auch eine zuverlässige Quelle, um die Passagen über Ethik im *Tractatus* angemessen zu interpretieren.

44 Wittgenstein (1989) S. 10f.

gerfahrt ins Heilige Land zu unternehmen. Die beiden Bauern machen sich zu Fuß auf den Weg. Nach einer längeren Wanderung kommen sie in der Ukraine in ein Dorf. Der eine der beiden Bauern, Jelissei, ist durstig und beschließt, in einem Haus um Wasser zu bitten. Der andere Bauer, Jefim, will schon langsam weiterwandern. Bis zum Abend verspricht Jelissei ihn wieder eingeholt zu haben. Im Haus stößt Jelissei auf eine Bauernfamilie, die im Sterben liegt, Opfer ihrer Armut und einer katastrophalen Dürreperiode. Jelissei beginnt sofort, den Bewohnern des Hauses wieder auf die Beine zu helfen. Er besorgt Lebensmittel, verpflegt seine Schützlinge, kauft verpfändetes Land zurück, erwirbt mit seinem eigenen mühsam für die Pilgerfahrt gesparten Geld ein Pferd und landwirtschaftliche Geräte. Viele Tage gehen so ins Land. Als er sicher ist, dass die Familie wieder für sich selbst sorgen kann, verlässt Jelissei heimlich das Dorf. Schnell wird ihm klar, dass er seinen Pilgergenossen Jefim nicht mehr einholen wird und dass ihm zudem das Geld ausgegangen ist, um die Pilgerreise fortsetzen zu können. So kehrt er in sein Heimatdorf zurück. Dort schweigt er über das, was vorgefallen ist. Er behauptet, ihn hätten die Kräfte für den beschwerlichen Fußmarsch verlassen, außerdem habe er auf sein Geld nicht aufgepasst und es sei ihm so durch eigenes Verschulden verloren gegangen. Jefim ist inzwischen längst im Heiligen Land angekommen. Ununterbrochen hatte er unterwegs nach Jelissei Ausschau gehalten und schließlich gehofft, ihn im Heiligen Land doch noch wiederzutreffen. Er absolviert gewissenhaft alle Pflichten eines Pilgers im Heiligen Land, aber er ist abgelenkt durch seine Sorge, im Gedränge der Pilger bestohlen zu werden, und durch wiederkehrende Halluzinationen während der Messen, Jelissei sei vorne am Altar zu sehen. Schließlich tritt auch Jefim die Heimreise an. Sein Rückweg führt ihn durch das Dorf, wo er und Jelissei sich getrennt hatten. Er betritt das Haus, in das Jelissei damals eingetreten war, und die Familie des Hauses erzählt ihm von dem Wunder ihrer Errettung durch einen alten Pilger, der leider nie seinen Namen preisgegeben habe. Jefim denkt über Jelissei: »›Also hier ist er mir zuvorgekommen‹, denkt er. ›Ob mein Opfer dem Herrn genehm war, das weiß ich nicht, das seine aber hat der Herr angenommen.‹«[45] Jefim kehrt in sein Dorf zurück. Als er Jelissei das erste Mal wieder trifft, spricht er ihn auf seine Hilfe für die ukrainische Bauernfamilie an. »Da erschrak Jelissei und hatte es plötzlich sehr eilig: ›Das ist Gottes Sache, Gevatter, das ist Gottes Sache! Nun aber lass uns hineingehen und koste von meinem Honig.‹«[46] So weit der Inhalt dieser Lieblingserzählung von Wittgenstein.

Der Bauer und Pilger Jelissei weiß beim Anblick der verhungernden ukrainischen Bauernfamilie sofort, was er zu tun hat, und ebenso wortlos wie konsequent tut er das Gute. Das Richtige und Gute geschieht nicht im Heiligen Land während der Pilgerfahrt von Jefim, also nicht dort, wo Menschen Gott und das, was er zu tun ihnen aufgibt, gewissermaßen professionell ständig im Munde herumführen. In seinem Buch *Kurze Darlegung des Evangelium*[47] führt Tolstoi aus: »Und Jesus sagte zu den Jüngern: Die wahre Speise des Menschen ist die, dass er den Willen des Vaters, des Geistes erfülle. Diesen Willen erfüllen ist immer möglich. Unser ganzes Leben ist ein Sammeln der Früchte des Lebens, das der Vater in uns säte. Die Früchte, das ist das Gute, das wir den Menschen tun. [...] Und das ist eines jeden Menschen Beruf. Ein jeder Mensch hat Freiheit und kann leben oder nicht leben. Leben, das be-

45 Tolstoi (1951) S. 111.
46 Ebd., S. 114.
47 Dieses Buch von Tolstoi hat Wittgenstein während seiner Zeit als Soldat und Offizier im Ersten Weltkrieg und damit während der Zeit seiner Arbeit am *Tractatus* immer bei sich geführt und oft darin gelesen. Die Soldaten seiner Einheit nannten Wittgenstein deswegen auch den »Mann mit dem Evangelium«.

deutet, den Willen des Vaters erfüllen, d. h. anderen Gutes tun; nicht leben, bedeutet, den eigenen Willen erfüllen und anderen nichts Gutes tun. In jedes Macht ist es, das eine oder das andere zu tun, das Leben zu empfangen oder es zu vernichten. [...] Jeder Mensch weiß, was das Gute für ihn ist. Tut er das den anderen Menschen, tut er, was der Wille des Vaters, des Geistes ist, dann tut er das Gute. Und darum ist die Erfüllung des Willens des Vaters, des Geistes, das Gute, wäre sie auch verbunden mit Leiden und Tod derer, die den Willen des Vaters erfüllen.«[48]

Weil jeder weiß, was das Gute ist, muss über das Gute nicht gesprochen werden. Jelissei spricht nicht über das Gute. Es ist ihm selbstverständlich. Er tut es einfach. Schon gar nicht bedarf es einer Wissenschaft des Guten, einer Philosophie (und Theologie), Experten, aufwendiger Begründungen und Rationalisierungen. Im Gespräch mit Philosophen des Wiener Kreises leugnet Wittgenstein leidenschaftlich die Möglichkeit und den Sinn einer Theorie des Ethischen. Das Ethische könne man nicht lehren, müsste es erst durch eine Theorie erklärt werden, so hätte es keinen Wert. »Eine Theorie gibt mir nichts.«[49]

Da alle um das Gute wissen, soll auch über das Gute nicht gesprochen werden, noch nicht einmal lobend. Tolstoi unterstreicht diese Maxime durch eine charakteristische Episode in der Erzählung *Die beiden Alten*. Jelissei will für die in Not geratene Familie neben einem Pferd und einem Wagen auch eine Kuh erstehen. »Wie er so die Dorfstraße entlanggeht, holt er zwei Bäuerinnen ein und hört, dass sie von ihm reden. Zwar schwatzen sie ukrainisch, doch kann er verstehen, was sie sagen. ›Als er zu ihnen [der ukrainischen Bauernfamilie, der Jelissei hilft] kam‹, erzählte die eine, wussten sie gar, was das für ein Mensch ist. Ein ganz einfacher Pilger sei es, meinten sie,

48 Tolstoi (1892) S. 73–75.
49 Wittgenstein (1967) S. 117.

aber er ist bei ihnen geblieben. ›Was hat er nicht alles für sie getan. Ich habe es eben mit eigenen Augen gesehen, wie er soeben beim Schankwirt um Pferd und Wagen handelte. Gibt es das wirklich? Solche Menschen auf dieser Welt? Ich muss rasch hin, mir dies Wunder ansehen.‹ Als Jelissei diese Worte hörte und sah, wie sehr er gelobt wurde, beschloss er, die Kuh lieber nicht zu kaufen.«[50]

Das ethisch Gute ist für Tolstoi ein absolutes Gebot Gottes. Auch für Wittgenstein zielt die Ethik auf das Absolute[51]. Das eigentlich Ethische beinhalten nur die »absoluten Werturteile«. Deshalb scheut sich Wittgenstein auch nicht, vom »absolut Guten« zu sprechen und es im *Vortrag über Ethik* in folgender Weise von den Sachverhalten und Tatsachen abzugrenzen: Wäre es »ein beschreibbarer Sachverhalt, müsste ihn jeder – unabhängig von seinen jeweiligen Vorlieben und Neigungen – *notwendig* herbeiführen oder sich schuldig fühlen, weil er ihn nicht herbeiführt.«[52] Ganz ähnlich äußert sich Tolstoi in seiner Schrift *Kurze Darlegung des Evangelium*: Es sei »nötig, zu verstehen, dass der Mensch, wenn er das Gute tut, nur das tut, wozu er verbunden ist, was er nicht ungetan lassen kann. Nur, wann er so sein Leben versteht, kann der Mensch so glauben, dass er wahre Werke des Guten tut.«[53]

Nach Tolstoi muss niemand für das Gute, was er tut, belohnt oder bedankt werden. »Zum Glauben und Handeln ist nötig, dass man verstehe, wie der Mensch von sich aus nichts tun kann, wie er, wenn er sein fleischliches Leben hingibt für das Gute, nichts derart tut, dafür er bedankt und belohnt sein müsste.«[54] Nichts anderes meint Wittgenstein in Satz 6.422 im *Tractatus*: Die Ethik ziele nicht auf Strafe und Lohn, die Frage nach solchen Folgen

50 Tolstoi (1951) S. 96f.
51 Wittgenstein (1989) S. 11f.
52 Ebd., S. 13f.
53 Tolstoi (1892) S. 128.
54 Ebd., S. 128.

der Handlungen sei ethisch belanglos. Es müsse »zwar eine Art von ethischem Lohn und ethischer Strafe geben, aber diese müssen in der Handlung selber liegen«.

In *Kurze Darlegung des Evangelium* schreibt Tolstoi: »Das wahre Leben der Erfüllung des Willens des Vaters ist das Leben nicht, das vergangen ist oder sein wird, sondern das Leben im Jetzt, das, das an jeden in der gegenwärtigen Minute herantritt. Nicht das vergangene, nicht das künftige Leben, sondern das Leben, in dem sie leben, sind die Menschen angewiesen zu hüten [...]. Vernachlässigen sie dieses Leben, indem sie den Willen des Vaters nicht erfüllen, dann liefern sie es nicht zurück nach ihrer Pflicht, wie eine Schildwache, hingestellt, dass sie die ganze Nacht wache, ihre Pflicht nicht erfüllt, wenn sie auch auf eine Minute nur einschläft, darum dass in dieser Minute ein Dieb kommen kann. Nur die leben, die das Gute tun. Das Gute, das gut ist für den Menschen jetzt, zu dieser Stunde, das ist das Leben, das eins wird mit dem gemeinsamen Vater.«[55] In ähnlicher Weise betrachtet Wittgenstein die Rolle der Zeit im richtig geführten Leben. »Wenn man unter Ewigkeit nicht unendliche Zeitdauer, sondern Unzeitlichkeit versteht, dann lebt der ewig, der in der Gegenwart lebt. [...] Die zeitliche Unsterblichkeit der Seele des Menschen, das heißt also ihr ewiges Fortleben auch nach dem Tode, ist nicht nur auf keine Weise verbürgt, sondern vor allem leistet die Annahme gar nicht das, was man immer mit ihr erreichen wollte. Wird denn dadurch ein Rätsel gelöst, dass ich ewig fortlebe?« (Sätze 6.4311 und 6.4312).

In Tolstois Schrift findet sich auch die folgende Passage: »Auf dies antwortete Jesus: [...] Beweise zu verlangen für die Wahrheit meiner Lehre ist gleich dem, dass man Beweise verlangt von einem Blinden dafür, dass er das Licht so oder so zu Gesicht bekam. Der geheilte Blinde, der der gleiche Mensch geblieben, der er war, könnte nur sagen,

55 Ebd., S. 128f.

dass er blind war, jetzt aber sehe. Genauso viel und nicht mehr kann der Mensch sagen, der zuvor den Sinn seines Lebens nicht verstand, nun aber ihn verstanden hat. Solch ein Mensch könnte etwa nur sagen, dass er zuvor das wahre Heil des Lebens nicht kannte, jetzt es aber kenne. Und wie der geheilte Blinde, wenn man ihm sagt, dass er nicht richtig geheilt sei, dass der Mensch, der ihn heilte, ein Sünder war, dass er sich anders heilen lassen müsse, dazu nichts sagen kann als das, dass er von der Richtigkeit der Heilung und der Sündhaftigkeit dessen, der ihn geheilt, und von einer anderen besseren Heilung nichts wisse, dass er allein wisse, dass er blind war, jetzt aber sieht. Genauso kann auch der, der den Sinn der Lehre vom wahren Heile, d. i. der Erfüllung des Willens des Vaters, gefasst hat, nicht sagen, ob seine Lehre die richtige ist, ob der ein Sünder war, der sie ihm offenbart, und ob man um noch besseres Heil wissen könne. Der wird dann sagen: Vorher sah ich den Sinn des Lebens nicht, jetzt aber sehe ich ihn und weiter weiß ich nichts.«[56] Fast wörtlich kehren die zentralen Sätze aus Tolstois Text im Satz 6.521 des *Tractatus* wieder. »Die Lösung des Problems des Lebens merkt man am Verschwinden dieses Problems. (Ist dies nicht der Grund, warum Menschen, denen der Sinn des Lebens nach langen Zweifeln klar wurde, warum diese dann nicht sagen konnten, worin dieser Sinn bestand.)«

Für Tolstoi ist es selbstverständlich, dass das Gute zu tun nichts anderes heißt, als »den Willen des Vaters«, den »Willen Gottes« zu tun. Gott befiehlt nicht etwas, weil es gut ist, sondern gut ist, was Gott befiehlt. Ist Wittgenstein auch in dieser Hinsicht Tolstoianer? Für Wittgenstein ist die Auffassung richtig, dass gut ist, was Gott befiehlt, denn »sie schneidet den Weg einer jeden Erklärung, ›warum‹ es gut ist, ab«. Diese Auffassung »sagt klar, dass das Wesen des Guten nichts mit den Tatsachen zu tun hat und

56 Ebd., S. 110f.

daher durch keinen Satz erklärt werden kann. Wenn es einen Satz gibt, der gerade das ausdrückt, was ich meine, so ist es der Satz: Gut ist, was Gott befiehlt«[57]. Und in sein Tagebuch notiert Wittgenstein am 7. Juli 1916: »Um glücklich zu leben, muss ich in Übereinstimmung sein mit der Welt. Und dies heißt ja ›glücklich sein‹. Ich bin dann sozusagen in Übereinstimmung mit jenem fremden Willen, von dem ich abhängig erscheine. Das heißt: ›ich tue den Willen Gottes‹.«[58]

Die Sinnlosigkeit ethischer Sätze

Über das Ethische muss und soll also nicht geredet werden. Bei Wittgenstein im *Tractatus* wird dies so gewendet, dass über das Ethische nicht sinnvoll geredet werden kann. Aus diesem Grunde »kann es auch keine Sätze der Ethik geben. Sätze können nichts Höheres ausdrücken. Es ist klar, dass sich die Ethik nicht aussprechen lässt« (Sätze 6.42 und 6.421). Das ist zweifelsohne eine sehr starke Behauptung. Kann Wittgenstein sie überzeugend begründen?

Für Wittgenstein sind alle Sätze »gleichwertig« (vgl. Satz 6.4), denn logisch betrachtet ist es gleichgültig, ob ein deskriptiver Satz wahr oder falsch ist, ob er einen bestehenden oder nur einen logisch möglichen Sachverhalt beschreibt. Außerdem bewerten deskriptive Sätze nicht, ob die durch sie dargestellten logisch möglichen Sachverhalte gut oder schlecht, wertvoll oder wertlos sind. Vom Standpunkt der Logik ist die Welt die Gesamtheit der Tatsachen im logischen Raum, sie ist so, wie sie nun einmal ist. Ob das gut oder schlecht ist, davon weiß die Logik nichts. »Der Sinn der Welt muss außerhalb ihrer liegen. In der

57 Wittgenstein (1967) S. 115.
58 Wittgenstein (1969) S. 167.

Welt ist alles wie es ist und geschieht alles wie es geschieht; es gibt in ihr keinen Wert – und wenn es ihn gäbe, so hätte er keinen Wert« (Satz 6.41).

Ethisches ist, so Wittgenstein, absolut gut und unbedingt verbindlich für uns. »Du hast die moralische Pflicht, P zu tun, aber es könnte sein, dass du diese Pflicht nicht hast« ist eine sinnwidrige moralische Auskunft. Unbedingt kann nicht etwas sein, das auch anders sein könnte. Werte sind unbedingt, sie können sich nicht auf etwas Zufälliges gründen oder mit ihm identisch sein. Aber was in der Welt der Fall ist, könnte immer auch anders sein. Die Welt wird durch deskriptive Sätze beschrieben, deren Negation ebenfalls Sachverhalte darstellen, die der Fall sein könnten. Alles in der Welt ist vom logischen Standpunkt aus gesehen zufällig. Also können Werte sich auf nichts in der Welt gründen oder mit ihm identisch sein. Wenn es überhaupt einen Wert gibt, so muss er »außerhalb der Welt liegen« (vgl. Satz 6.41).

So weit, so gut. Aber warum kann es, wie Wittgenstein behauptet, »keine Sätze der Ethik geben«, warum können Sätze »nichts Höheres ausdrücken« (vgl. Satz 6.42)? Von Werten ist in den deskriptiven Sätzen zwar nicht die Rede, doch warum sollten nicht-deskriptive Sätze etwas über Werte aussagen oder Werte verbindlich festschreiben[59]? Oder sind die sinnvollen Sätze mit den deskriptiven zu identifizieren?

In der Tat, Wittgenstein ist davon im *Tractatus* überzeugt.[60] Freilich erscheint es abwegig, die normativen Sätze aus der Klasse der sinnvollen Sätze auszuschließen. Ein

59 Und das wissen wir ja auch seit langem. Logiker, Semantiker, Sprachphilosophen und überhaupt Philosophen haben schon immer mehr oder weniger sorgfältig unterschieden zwischen deskriptiven und normativen Sätzen. Keineswegs gibt es nur eine formale Logik im Stile Freges und Russells für deskriptive Aussagen, sondern auch eine formale Logik für normative Aussagen (nämlich die sogenannten deontischen Logiken).

60 So sagt Wittgenstein in Satz 4.023 »Der Satz ist die Beschreibung eines Sachverhalts«.

Satz wie »Es war gut, dass Jelissei seine Pilgerreise nicht fortgesetzt, sondern der verhungernden Bauernfamilie geholfen und ihr das Leben gerettet hat« ist vollkommen sinnvoll und für jedermann verständlich. Versteigt sich Wittgenstein tatsächlich zu der These, ein solcher Satz sei unsinnig?

Nun, zwar nicht im *Tractatus*, wohl aber im *Vortrag über Ethik* differenziert Wittgenstein zwischen »relativen« und »absoluten« Werturteilen. Wer jemanden als einen guten Tennisspieler beurteilt, fällt ein relatives Werturteil. Relativ zu den vorgegebenen Zwecken des Tennisspiels ist ein guter Tennisspieler jemand, der über die Fähigkeiten verfügt, diese Zwecke erfolgreich in die Tat umzusetzen. Dabei steht der Wert des Tennisspiels selbst nicht zur Diskussion. Wittgenstein rechnet diese relativen Werturteile zu den Tatsachenurteilen. »X ist ein guter Tennisspieler« heißt: X verfügt über Fähigkeiten, die es ihm ermöglichen, die Zwecke des Tennisspiels erfolgreich zu erreichen. Das ist, in dieser Lesart, tatsächlich ein deskriptiver Satz.

Entsprechend müsste auch unser Satz über Jelissei gelesen werden. Jelissei hat das vorgegebene Ziel, Menschen in Not zu helfen, optimal verwirklicht (was ja auch richtig ist). Mit guten Gründen lässt sich eine solche Lesart hinterfragen. Wir lassen das hier undiskutiert. Gestehen wir Wittgenstein diese Lesart relativer Werturteile als deskriptive Sätze zu. Dann jedenfalls wäre selbst für Wittgenstein der obige Satz über Jelissei sinnvoll. Trotzdem nennt er die Sätze der Ethik unsinnig. Das ist jetzt natürlich leicht zu erklären. Relative Werturteile thematisieren nach Wittgenstein nicht das Ethische, sondern das tun erst die »absoluten Werturteile«.[61]

61 »Alle relativen Werturteile sind zwar, wie sich zeigen lässt, bloße Aussagen über Faktisches, doch keine Faktenaussage kann je ein absolutes Werturteil abgeben oder implizieren. Lassen Sie mich das erklären: Angenommen, einer von Ihnen wäre allwissend; er kennt also die Bewegungen aller toten oder lebendigen Körper in der Welt, und er kennt auch alle Be-

Mit diesen Unterscheidungen zeichnen sich gleich zwei mögliche Begründungen dessen ab, warum Sätze der Ethik unsinnig sind. Die erste argumentiert damit, dass nur deskriptive Sätze sinnvolle Sätze sind. Im Gegensatz zu den relativen Sätzen sind aber die absoluten Werturteile der Ethik keine deskriptiven Sätze. Doch Wittgenstein begründet im *Tractatus* nicht, warum nur deskriptive Sätze sinnvoll sein sollen. Frege (und Russell) hatten nur eine Logik für deskriptive Sätze vorgelegt, keine Logik für normative Sätze. Bei Wittgenstein verwandelt sich diese thematische Beschränkung der Logik Freges in das Vorurteil, alle sinnvollen Sätze seien deskriptive Sätze, und Wittgenstein schleppt dies vermeintliche Resultat der Logik in die Philosophie und in den *Tractatus* hinein. Später verwirft er es selber als Vorurteil.[62]

Wenden wir uns daher der zweiten Begründungsmöglichkeit zu. Sie hebt darauf ab, dass der Gegenstand der Ethik das Absolute sei. Für Wittgenstein sind Sätze über Absolutes unsinnig, weshalb erneut die Unsinnigkeit der Sätze über Ethisches folgt.[63] Doch warum hält Wittgenstein Sätze über Absolutes für unsinnig?

wusstseinszustände aller Menschen, die je gelebt haben, und falls er alles, was er weiß, in ein großes Buch eintrüge, so enthielte dieses Buch die gesamte Beschreibung der Welt. Ich möchte nun darauf hinaus, dass dieses Buch nichts enthielte, was wir ein *ethisches* Urteil nennen würden bzw. nichts, was ein solches Urteil logisch implizierte«; Wittgenstein (1989) S. 11f. (Hervorhebung im Original).

62 Im Abschnitt »Wittgensteins Selbstkritik am *Tractatus*« werden wir darauf näher eingehen.

63 Man sollte zunächst erkennen, dass diese zweite Begründung nicht Gebrauch machen muss von der These, nur deskriptive Sätze seien sinnvoll.

Die Ethik an der Grenze der Welt[64]

Warum können Sätze »nichts Höheres ausdrücken«?[65] Kein deskriptiver Satz über eine Tatsache in der Welt sagt uns, wie wir angesichts einer solchen Tatsache ethisch gut leben. Auch alle Tatsachen zusammengenommen legen nicht das gute Leben fest. Die Tatsachen dieser Welt gehören alle zur Aufgabe, die es ethisch zu bewältigen gilt, nicht zur deren Lösung (vgl. Satz 6.4321). Und diese ethische Aufgabe wäre selbst dann zu meistern, wenn es in der Welt ganz anders zuginge, als es tatsächlich in ihr zugeht, ohne dass aus der Beschaffenheit dieser logischen Alternativen zu unserer Welt schon folgen würde, wie wir zu leben hätten. Wie die Welt ist, ist eine ethische Aufgabe, die uns in jedem Falle oder, mit anderen Worten, die uns unbedingt oder »absolut« auferlegt ist, »gleichgültig wie die Welt ist«, wie es in Satz 6.432 heißt. Das, was uns unbedingt angeht, betrifft das Ganze der Welt, die Gesamtheit der Tatsachen und alle logischen Möglichkeiten, wie die Welt auch hätte sein können.

Doch Wittgenstein will mehr behaupten: Wir denken, zu Recht, dass manchmal das, was in dieser Welt gut ist, in einer anderen möglichen Welt schlecht wäre und umgekehrt. Wäre seine Frau pflegebedürftig gewesen, hätte sich Jelissei gar nicht erst zur Pilgerreise aufmachen dürfen. Aber hier geht es nach Wittgenstein nur um relative Werte, die davon abhängen, wie die Welt nun einmal ist. Was jedoch letztlich oder absolut gut ist, muss gut sein, unabhängig davon, wie die Welt ist. Das absolut Gute ist in je-

64 Ich möchte betonen, dass ich Wittgensteins Auffassung von der Unsinnigkeit ethischer Sätze nicht teile. Ich versuche in diesem Abschnitt und auch den folgenden lediglich, Wittgenstein so zu interpretieren, dass seine Sätze sich immanent aus bestimmten Voraussetzungen Wittgensteins ergeben.

65 Was Wittgenstein im *Vortrag über Ethik* das »absolut Gute« nennt, nennt er in Satz 6.42 »das Höhere« und bringt es in Satz 6.432 mit Gott in Verbindung.

der möglichen Welt gut. Deshalb kann kein Satz, ob er nun eine Tatsache beschreibt oder nur einen logisch möglichen Sachverhalt, das absolut Gute begründen.

In Satz 6.43 verblüfft uns Wittgenstein mit einer Feststellung über den guten und den bösen Willen: »Wenn das gute oder böse Wollen die Welt ändert, so kann es nur die Grenzen der Welt ändern, nicht die Tatsachen; nicht das, was durch die Sprache ausgedrückt werden kann.« Terminologisch penibel gesprochen, können wir keine Tatsachen ändern. Doch will Wittgenstein hier nur dieser sprachlichen Pedanterie Beachtung verschaffen? Selbstverständlich können wir das, was gegenwärtig der Fall ist, verändern, wir können neue Tatsachen schaffen. Wollen wir etwas im Guten oder im Bösen und setzen es in die Tat um, ändern wir die Welt, schaffen wir Tatsachen, die ohne unser absichtliches Zutun keine Tatsachen geworden wären. Daher ergibt Wittgensteins Satz nur dann Sinn, wenn er ein absolut gutes oder absolut böses Wollen im Blick hat. Das absolut gute oder böse Wollen wird in jedem Falle etwas an der Welt ändern und in diesem Sinne Tatsachen herbeiführen (und vorausgesetzt, dass man nicht allzu penibel ist, Tatsachen aus der Welt schaffen). Aber nicht wegen dieser Veränderungen ist es gut oder böse, denn auch in jeder anderen logisch möglichen Welt wäre es gut oder böse. Soll es für die Welt überhaupt einen Unterschied machen, ob das absolut Gute oder Böse in ihr wirkt, dann kann es nicht einzelne Tatsachen, es muss vielmehr den gesamten logischen Raum der Tatsachen betreffen. Der Unterschied zwischen dem absolut Guten und dem absolut Bösen ist ein Unterschied um das Ganze, man könnte auch sagen: ein Unterschied, der die »Grenzen der Welt« betrifft. Kurz: »die Welt muss dann dadurch überhaupt eine andere werden. Sie muss sozusagen als Ganzes abnehmen oder zunehmen. Die Welt des Glücklichen ist eine andere als die des Unglücklichen« (Satz 6.43).

Wollte ich sprachlich ausdrücken, was das absolut Gute und das absolut Böse für einen Unterschied machen, müsste ich jedenfalls unter den Voraussetzungen der Wittgenstein'schen Überlegungen so etwas sagen wie: das absolut Gute ist gut, gleichgültig wie die Welt ist, und das absolut Böse ist böse, gleichgültig wie die Welt ist, aber es macht einen Unterschied ums Ganze aus, ob unser Wille gut oder böse ist. Ein solcher Satz klingt nach Unsinn, so, als ob wir nicht richtig zu sagen vermöchten, was wir eigentlich sagen wollen. Im *Vortrag über Ethik* analysiert Wittgenstein Beispiele, die unserem Satz insofern ähnlich sind, als sie wesentlich die Wendung »gleichgültig (egal) wie die Welt ist« enthalten. »Wenn ich sage: ›Ich staune über die Existenz der Welt‹, missbrauche ich die Sprache. [...] Die Aussage ›Ich staune darüber, dass das und das der Fall ist‹ hat nur dann Sinn, wenn ich mir vorstellen kann, dass es nicht der Fall ist.« Dagegen ist es »unsinnig zu sagen, dass ich über die Existenz der Welt staune, denn ich kann mir gar nicht vorstellen, dass sie nicht existierte. Freilich könnte ich darüber staunen, dass die Welt um mich herum so ist, wie sie ist. Hätte ich dieses Erlebnis z. B., während ich den blauen Himmel betrachte, könnte ich darüber staunen, dass der Himmel blau ist – im Gegensatz etwa zu dem Fall, in dem er bewölkt ist. Darum geht es mir jedoch nicht, sondern ich staune über das Dasein des Himmels, *egal wie er aussieht*. Man könnte versucht sein zu sagen, dass das, worüber ich hier staune, eine Tautologie ist, nämlich dass der Himmel blau oder nicht blau ist. Doch es ist ebenfalls nichts weiter als Unsinn zu behaupten, dass man über eine Tautologie staune. [...] Nun möchte ich Sie davon überzeugen, dass sich ein bestimmter charakteristischer Missbrauch der Sprache durch *alle* ethischen und religiösen Ausdrucksformen hindurchzieht«[66].

66 Wittgenstein (1989) S. 16 (Hervorhebungen im Original).

Zurück zu unserem Satz »Das absolut Gute ist gut, gleichgültig wie die Welt ist, und das absolut Böse ist böse, gleichgültig wie die Welt ist, aber es macht einen Unterschied ums Ganze aus, ob unser Wille gut oder böse ist«. Er verletzt ebenfalls den alltäglichen Gebrauch eines Ausdrucks wie »einen Unterschied machen«. Der Unterschied zwischen Dingen kann vieles andere unangetastet lassen, aber nicht alles, andernfalls sagen wir eben nicht, dass die betreffenden Dinge sich unterscheiden. Daher ist unser Satz so nichtssagend wie die Kontradiktion »Ob der Wille gut oder böse ist, macht einen Unterschied und macht keinen Unterschied«.

Unser Beispielsatz verunglückt nicht aus Zufall. Jeder informative Satz über die Welt schließt andere logische Möglichkeiten definitiv aus. Wer hingegen etwas über den gesamten logischen Raum der Tatsachen sagen will, also etwas, was auf alle logischen Möglichkeiten zutrifft, hat als mögliche Sätze nur noch Sätze über die Sprache oder Tautologien, die mit allen logisch möglichen Welten verträglich sind, oder Kontradiktionen, die mit allen logisch möglichen Welten unvereinbar sind, zur Verfügung. Doch mit solchen Sätzen informiert er uns nicht mehr über die Welt. Daher sind zum Beispiel Sätze mit der Geltungsbedingung »gleichgültig wie die Welt ist« Sätze über den logischen Raum, die keine Möglichkeiten ausschließen. Dass sie sich regelmäßig als nichtssagende Kontradiktionen oder Tautologien herausstellen, ist nicht weiter verwunderlich. Mit dem logischen Raum sind die Grenzen des sinnvoll Sagbaren erreicht. Wer darüber hinaus will, kann in Wahrheit nichts mehr sagen. Sagt er doch etwas, muss er Unsinniges sagen. Er steht an der Grenze der Welt. Der Unterschied zwischen dem Guten und dem Bösen zeigt sich in der Welt, aber er lässt sich nicht aussprechen. So ließen sich Wittgensteins starke Behauptungen über die Unsinnigkeit ethischer Sätze begründen.

Natürlich liegt ein Einwand auf der Hand: Über das absolut Gute oder Böse lässt sich, so Wittgenstein, streng genommen nur Unsinn reden. Widerlegt das nicht die Unterstellung, es gäbe etwas absolut Gutes oder Böses? Über das zu schweigen, wovon wir nicht reden können, hieße dann einfach nur, nicht über etwas zu reden, was auch gar nicht vorhanden ist. Das sollte uns nicht schwerfallen. Ein Schweigen dieser Art verhütet nur, Überflüssiges und Unsinniges zu sagen. Sollten wir nicht den Schluss ziehen: Wovon wir nicht reden können, das gibt es auch nicht, und ein Nichts kann, schon aus logischen Gründen, auch für uns nicht wichtig sein?

Diesen Schluss zieht zum Beispiel Rudolf Carnap. Nach Carnap sollten wir tatsächlich froh darüber sein, sagen wir uns vom Unsinn bestimmter Sätze (»Scheinsätze«) los. Einen Verlust haben wir dabei nicht zu beklagen, sondern dürfen uns einen Zugewinn an Rationalität zugute halten. Diesen Schluss zieht Wittgenstein nicht: »Es gibt allerdings Unaussprechliches. Dies zeigt sich. Es ist das Mystische« (Satz 6.522).

Überflüssiges und Unsinniges ist für Carnap lächerlich. Ironie, Spott, Witze sind für Carnap eine angemessene Form, die Scheinsätze der Metaphysik loszuwerden. Wittgenstein findet nichts Lächerliches an den Scheinsätzen der Ethik und Metaphysik. Am Schluss seiner *Vorlesung über Ethik* bemerkt er, es dränge ihn, »gegen die Grenzen der Sprache anzurennen, und dies ist, glaube ich, der Trieb aller Menschen, die je versucht haben, über die Ethik oder Religion zu schreiben oder zu reden. Dieses Anrennen gegen die Wände unseres Käfigs ist völlig und absolut aussichtslos. [...] Doch ist es ein Zeugnis eines Dranges im menschlichen Bewusstsein, das ich für mein Teil nicht anders als hochachten kann und um keinen Preis lächerlich machen würde.«[67] Und in einem Gespräch bekennt er, er

67 Ebd., S. 18 f.

verachte die Metaphysik nicht, manches philosophische System gehöre »zu den edelsten Hervorbringungen des menschlichen Geistes«[68].

Von einem religiösen Standpunkt

Wittgenstein macht das Bedürfnis von Menschen, von dem »Absoluten« oder »Gott« zu reden, nicht nur nicht lächerlich. Er selber will auf eine solche Rede nicht verzichten. Wenn man genauer hinschaut, redet Wittgenstein sogar erstaunlich viel von Gott, jedenfalls viel mehr, als die meisten das bei ihm erwarten oder vermuten. Schon in den Tagebuchaufzeichnungen aus der Zeit seiner Arbeit am *Tractatus* ist häufiger von Gott die Rede. Hier eines der zahlreichen Beispiele. »Die Welt ist mir gegeben, d. h. mein Wille tritt an die Welt von außen als etwas Fertiges heran. Daher haben wir das Gefühl, dass wir von einem fremden Willen abhängig sind. *Wie dem auch sei*, jedenfalls *sind* wir in einem gewissen Sinne abhängig und das, wovon wir abhängig sind, können wir Gott nennen.«[69] Maurice O'Connor Drury berichtet von folgender, geradezu programmatischen und methodischen Äußerung Wittgensteins[70]: »Ich bin zwar kein religiöser Mensch, aber ich kann nicht anders: ich sehe jedes Problem von einem religiösen Standpunkt.«[71]

In seinem *Vortrag über Ethik* erläutert Wittgenstein, was wir tun müssen, wollen wir metaphysische Ausdrücke wie »das absolut Gute« oder auch »Gott« verstehen. Wir sollten uns, so Wittgenstein, typische Erlebnisse in Erinnerung rufen, bei denen wir versucht sind, diese Ausdrücke zu verwenden. Es liegt auf der Hand, welche Er-

68 Rhees (1987) S. 119.
69 Wittgenstein (1969) S. 166 f.
70 Vgl. Malcolm (1993).
71 Rhees (1987) S. 121.

lebnisse es sind, bei denen Wittgenstein zum Ausdruck »Gott« greift: Fundamental ist für ihn die Erfahrung, dass die Welt nicht von unserem Willen abhängig ist. Doch um »gut« zu leben, »um glücklich zu leben«, müssen wir in Übereinstimmung mit der Welt leben. Damit sind wir in unserem Leben von etwas abhängig, und damit ruht der »Sinn unseres Lebens« in etwas, das nicht in unserer Macht steht. Angesichts dieser Erfahrung ist Wittgenstein versucht zu sagen, dass der Sinn unseres Lebens in einem »fremden Willen«, oder eben auch, dass er »in Gott ruht«.

In dieser Weise von Gott zu reden, ist nicht ungewöhnlich. Es ist beste religiöse und theologische[72] Tradition. Wittgenstein hätte keine Schwierigkeiten gehabt, die folgenden Sätze des großen protestantischen Theologen Rudolf Bultmann (1884–1976) zu unterschreiben. Bultmann versucht, das »Existenzverständnis« der Bibel durch ihre »Entmythologisierung« auch dem modernen Menschen verständlich zu machen, nämlich »dass sich der Mensch in der Welt vorfindet, die voll ist von Rätseln und Geheimnissen, und dass er ein Schicksal erfährt, das ebenso rätselhaft und geheimnisvoll ist«. Der moderne Mensch werde »zu der Erfahrung gedrängt, dass er nicht Herr über sein Leben ist, und er wird dessen inne, dass die Welt und das menschliche Leben ihren Grund und ihre Grenze in einer Macht (oder in Mächten) haben, die jenseits dessen liegen, was er berechnen, über das er verfügen kann, in einer transzendenten Macht«[73].

Wir haben bei Wittgenstein schon gehört, dass Gott nicht etwas will, weil es gut ist, sondern etwas gut ist, weil Gott es will. Von dieser Auffassung sagt Wittgenstein, sie schneide »den Weg einer jeden Erklärung, warum es gut ist«, ab und sage »klar, dass das Wesen des Guten nichts mit den Tatsachen zu tun hat und daher durch keinen Satz

72 Und zwar vor allem protestantische Tradition.
73 Bultmann (2002) S. 290.

erklärt werden kann«[74]. Religiös und theologisch gewendet: Der Wille Gottes ist unerforschlich und unergründlich. »Der Friede Gottes, welcher höher ist als alle menschliche Vernunft [...]«, heißt es in der Liturgie der Kirche. Es ist menschliche Anmaßung, ihn erklären, ihn gar als vernünftig ausweisen zu wollen, und es ist unerheblich, ob wir Gottes Willen als rational begründet einzusehen vermögen oder nicht. Angesichts des Willens Gottes endet jede Erklärung und wird menschliche Vernunft an ihre Grenze geführt.

Eine solche Auffassung von Gott hat eine Tradition im Christentum und der christlichen Theologie, die sich von Augustinus, Duns Scotus, Wilhelm von Ockham über Martin Luther, Johannes Calvin, Blaise Pascal zu Søren Kierkegaard, Karl Barth und anderen erstreckt. Auch Tolstoi steht in dieser Tradition. Neben Tolstoi hat Wittgenstein Pascal und Kierkegaard außerordentlich geschätzt. In diese Traditionslinie ordnet er sich selber ein, wenn er bekennt, er könne kein Katholik sein wegen des Dogmas der römischen Kirche, die Existenz Gottes lasse sich vernünftig beweisen. »Wäre ich der Auffassung, Gott sei ein Wesen wie ich selbst, außerhalb meiner selbst, nur unendlich viel mächtiger, dann würde ich es für meine Pflicht halten, ihm die Stirn zu bieten«, und er »würde nicht beanspruchen zu wissen, wie Gott handeln soll«.[75]

Es ist mithin nicht schwer zu verstehen, wann Wittgenstein von Gott redet. Die entscheidenden (Sinn)Bedingungen eines guten und gelingenden Lebens lassen sich niemals durch technisches Handeln erzwingen. Dabei sind solche Bedingungen eines guten und gelingenden Lebens, dass sich andere Menschen mir wohlwollend, in Freundschaft, gar in Liebe zuwenden, dass ich andere Menschen verstehe und von anderen Menschen verstanden werde, dass Menschen

74 Vgl. Wittgenstein (1967) S. 115.
75 Rhees (1987) S. 154 f.

vorbehaltlos und einander vertrauend an einer besseren Welt mitwirken, dass andere Menschen sich mit mir freuen und mit mir lachen können, dass wir Menschen einander verzeihen, dass wir Menschen uns wechselseitig Respekt und Anerkennung für das, was jeder tut und leistet, entgegenbringen, dass ich vor schrecklichen Krankheiten, die meine Persönlichkeit zerstören, verschont bleibe, dass Menschen mit mir gemeinsame Werte teilen, zum Beispiel den Wert der Demokratie, dass Menschen an Institutionen mitwirken, die in Not und Krankheit helfen, dass wir von Naturkatastrophen, sozialen und politischen Wirren, von ökonomischen Krisen verschont bleiben, die das Leben zu einer einzigen Mühe und Plage werden lassen, dass ich die Menschen, die mir ans Herz gewachsen sind, nicht alle auf einmal verliere, und ungezählte andere mehr. Die entscheidenden Bedingungen eines guten Lebens stoßen mir zu, sie werden mir weitgehend ohne mein Zutun, ohne mein Verdienst zuteil – oder manchmal eben auch nicht.

All dies kann jemand sagen und unterschreiben, ohne von Gott zu reden. Natürlich lässt sich über sprachliche Assoziationsketten ein Weg bahnen von der nicht-religiösen Rede über die Unverfügbarkeit der Sinnbedingungen unseres Lebens zur religiösen Rede über Gott[76]. Gleichwohl ist niemand gezwungen, von der nicht-religiösen zur religiösen Redeweise überzugehen. Auch Wittgenstein war dazu nicht gezwungen. Gleichwohl redet er oft und erstaunlich unbefangen, ja naiv von Gott.

76 In folgender sprachlicher »Assoziationsreihe« können wir uns der religiösen Weise, über die Unverfügbarkeit der Bedingungen eines guten und gelingenden Lebens zu reden, wieder annähern: Die entscheidenden Bedingungen eines (guten) Lebens transzendieren menschliche Handlungsmöglichkeiten. »Die entscheidenden Bedingungen eines guten Lebens liegen jenseits menschlicher Handlungsmöglichkeiten« ⇒ »Der Ursprung der entscheidenden Bedingungen eines guten Lebens liegt in der Transzendenz« ⇒ »Der Ursprung der entscheidenden Bedingungen eines guten Lebens liegt in Gott« ⇒ »Gott ist der Urgrund eines gelingenden Lebens« ⇒ »Gott schenkt mir das wahre Leben«.

Hält er das tatsächlich für die angemessene Ausdrucksweise? Hat er nicht selber im *Tractatus* solche Sätze für unsinnig erklärt? Kann man wirklich sinnvoll mit dem Ausdruck »Gott« etwas sagen oder zeigt sich hier bestenfalls etwas? Sind auf der anderen Seite nicht Sätze wie »Die entscheidenden Bedingungen eines (guten) Lebens transzendieren menschliche Handlungsmöglichkeiten« sinnvoll und wahr, und sind es nicht Sätze, die auch sagen, was wir mit ihnen sagen wollen? Warum benutzt Wittgenstein sie nicht, obwohl er den »Sinn« des *Tractatus* im Vorwort in die Worte fasst: »Was sich überhaupt sagen lässt, lässt sich klar sagen; und wovon man nicht reden kann, darüber muss man schweigen«? Warum greift gerade er zur Rede von Gott, warum schweigt er nicht besser?

Wittgensteins Zivilisationskritik

Wittgenstein hatte den Plan, Aufzeichnungen, die unter dem Titel *Philosophische Bemerkungen* in die Gesamtausgabe der Wittgenstein'schen Schriften aufgenommen worden sind, mit einem Vorwort zu veröffentlichen, von dem es verschiedene Fassungen gibt. In einer Version heißt es: »Dieses Buch ist für solche geschrieben, die seinem Geist freundlich gegenüberstehen. Dieser Geist ist ein anderer als der des großen Stromes der europäischen und amerikanischen Zivilisation, in dem wir alle stehen. Dieser äußert sich in einem Fortschritt, in einem Bauen immer größerer und komplizierterer Strukturen, jener andere in einem Streben nach Klarheit und Durchsichtigkeit welcher Strukturen immer. Dieser will die Welt durch ihre Peripherie – in ihrer Mannigfaltigkeit – erfassen, jener in ihrem Zentrum – ihrem Wesen. [...] Ich möchte sagen ›dieses Buch sei zur Ehre Gottes geschrieben‹, aber das wäre heute eine Schurkerei, d. h. es würde nicht richtig verstanden werden. Es heißt, es ist in gutem Willen geschrieben und soweit es nicht mit gutem Willen, also aus Eitelkeit etc., geschrieben, soweit möchte der Verfasser es verurteilt wissen.«[77]

Warum äußert sich Wittgenstein so außerordentlich kritisch zur modernen Zivilisation und warum denkt er just in diesem Zusammenhang über ein religiöses Motto für sein Werk nach? Ihm ist die Tendenz der europäischen und amerikanischen Zivilisation unsympathisch. Aber was charakterisiert denn diese Zivilisation und was an ihr ist Wittgenstein unsympathisch? Wittgenstein deutet es nur an. Er erwähnt den Fortschritt um des Fortschritts willen, das Anwachsen komplizierter, unübersichtlicher Strukturen, ein Herausstreben aus der Mitte, dem Zentrum, in die Mannigfaltigkeit der »Peripherie«, ein Verlust von Klarheit. Und er erwähnt ausdrücklich, dass er in einem so gänzlich anderen Geiste philosophiere, als die Wissenschaftler ihre Wissenschaften betreiben, dass ihn die letzteren nicht verstehen könnten.[78]

War Wittgenstein einfach gegen die Wissenschaft, war er ein Wissenschaftsfeind? Mit Sicherheit nicht: Er wendet sich nur gegen den Geist, in dem typischerweise Wissenschaftler in der europäischen und amerikanischen Zivilisation Wissenschaft betreiben. Freilich, auch das ist unübersehbar, er spricht sich immer wieder gegen Theorien in der Philosophie aus. Seine Kritik der Ethik als Wissenschaft haben wir oben zitiert.[79] Später, in seinen *Philosophischen Untersuchungen* distanziert er sich von Hypothesen, Schlüssen, Erklärungen in der Philosophie. Erinnern sollten wir uns auch an seine Bemerkungen gegen Erklärungen, was das Gute sei. Auffälligerweise fällt gerade in diesem Kontext das Wort »Gott«. Der Satz »Gut ist, was Gott befiehlt« drückt für Wittgenstein deshalb die tiefere Auffassung des ethisch Guten aus, weil so der »Weg

77 Wittgenstein (1970) S. 7.
78 Vgl. Wittgenstein (1978) S. 20–22.
79 Vgl. ebd., S. 81.

zu jeder Erklärung«, warum es gut ist, abgeschnitten werde. Was hat Wittgenstein gegen Hypothesen, Schlüsse, Erklärungen in der Philosophie, immerhin typische Merkmale jeder wissenschaftlichen Theoriebildung? Und hat diese Ablehnung etwas damit zu tun, dass ihm die Werte, die Ziele der europäischen und amerikanischen Zivilisation unsympathisch sind?

Die europäische und amerikanische Zivilisation beruht ganz wesentlich auf Wissenschaft und damit auf Theorien, Erklärungen, Schlüssen, Hypothesen. Insofern darf man sie zu Recht die wissenschaftlich-technische Zivilisation nennen. Sie hält im Prinzip (wenn auch nicht im Detail) alles für wissenschaftlich erklärbar, und ein Phänomen gilt für sie im Prinzip als wissenschaftlich erklärt, sobald die fundamentalen Gesetzmäßigkeiten erkannt sind, nach denen Phänomene dieser Art entstehen, sich verändern und zu bestehen aufhören. Diese Gesetze, mit denen die Phänomene erklärt werden, lassen sich auch technisch anwenden. Mit der wissenschafts-basierten Technik lässt sich die Welt fortschreitend mit Blick auf menschliche Bedürfnisse, Werte und Ziele verbessern.

Warum wendet sich Wittgenstein gegen diese Form der Zivilisation? Nun, einen Einwand kennen wir schon aus dem *Tractatus*. Mit den Antworten auf alle wissenschaftlichen Fragen sind »unsere Lebensprobleme noch gar nicht berührt« (vgl. Satz 6.52). Was sind nach Wittgenstein unsere Lebensprobleme? Das Gute zu tun, in Übereinstimmung mit der Welt zu leben, »glücklich zu leben«[80], so lauten seine Auskünfte. Was es heißt, so zu leben, und was wir tun müssen, um so zu leben, darauf hat die Wissenschaft keine Antwort. Doch ist das weder ein Einwand gegen die Wissenschaft, noch berechtigt es zu einem Vorwurf. Wittgenstein wirft auch nicht direkt der Wissen-

80 »Lebe glücklich!« endet die Tagebuchaufzeichnung vom 8. Juli 1916, Wittgenstein (1969) S. 168.

schaft selber etwas vor, er attackiert vielmehr den »Geist« unserer Zivilisation. Sie glaubt, alles erklären zu können, und glaubt, es sei alles Wichtige erklärt, sobald die Tatsachen im Prinzip wissenschaftlich erklärt sind. Für Wittgenstein ist das eine Illusion. In ihrer wissenschaftlichen Erklärungssucht wird unsere Zivilisation gar nicht gewahr, dass das Wichtigste, das, was uns unbedingt angeht, von allen wissenschaftlichen Welterklärungen noch gar nicht berührt ist (wie der Satz 6.52 sagt).

Die wissenschaftlich-technische Zivilisation gibt sich mit ihren Maximen noch einer weiteren Illusion hin: Es ist die Illusion, dass die Welt erklärt sei, sobald wir die Naturgesetze kennen, nach denen die Phänomene in der Welt zustande kommen, sich verändern und vergehen. Auch diese Illusion greift Wittgenstein an, und zwar bereits im *Tractatus*. Die Wahrheitswerte der Elementarsätze determinieren die Wahrheit aller übrigen Sätze mit logischer Notwendigkeit, auch die der Naturgesetze. Dann jedoch sollte man auch nicht davon reden, etwas sei naturgesetzlich oder kausal möglich, unmöglich oder notwendig. Neben der logisch notwendigen wahrheitsfunktionalen Determination aller wahren Sätze durch die Elementarsätze gibt es keine eigenständige kausale oder naturgesetzliche Notwendigkeit. »Einen Zwang, nach dem Eines geschehen müsste, weil etwas anderes geschehen ist, gibt es nicht. Es gibt nur eine *logische* Notwendigkeit« (Satz 6.37). Freilich lassen sich die Wahrheitswerte auf die Elementarsätze auch anders verteilen, als sie tatsächlich verteilt sind. Bei einer solch anderen Verteilung läge eine logisch mögliche Alternative zu unserer Welt vor. Wieder stünden die Naturgesetze, die in dieser Alternativwelt gelten würden, logisch notwendig fest. Ob jedoch eine andere Verteilung der Wahrheitswerte auf die Elementarsätze möglich ist oder nicht, wird allein vom Standpunkt der Logik, nicht aber vom Standpunkt der Naturgesetze oder des Kausalgesetzes aus entschieden.

Nun kommt etwas Interessantes zum Vorschein: Die Welt als Ganzes ist rein logisch dadurch bestimmt, welche Elementarsätze wahr, welche falsch sind. Doch warum sind die Wahrheitswerte auf die Elementarsätze so verteilt, wie es nun einmal der Fall ist? Darauf weiß niemand eine Antwort. Die Logik kann diese Frage nicht beantworten, denn sie handelt gerade von allen Möglichkeiten und kann deshalb keine ausschließen. Vom Standpunkt der Logik aus gesehen, ist es schlicht Zufall, welche Elementarsätze wahr sind. »Die Erforschung der Logik bedeutet die Erforschung aller Gesetzmäßigkeit. Und außerhalb der Logik ist alles Zufall« (Satz 6.3). Und das Kausalgesetz oder einzelne Naturgesetze können die Wahrheit oder Falschheit der Elementarsätze auch nicht erklären, denn die Naturgesetze sind ja Wahrheitsfunktionen der Elementarsätze. Von daher kann die Welt als Ganzes nicht erklärt werden, und zwar weder durch die Logik noch durch die Naturgesetze. Es kann nicht erklärt werden, warum es gerade diese Welt gibt und keine andere. Ebenso wenig kann erklärt werden, warum es überhaupt eine Welt, sprich vom logischen Standpunkt aus: den logischen Raum möglicher Welten und nicht Nichts gibt. Erklärungen dafür sind deshalb nicht möglich, weil sie sich nicht mehr sinnvoll formulieren lassen, müsste man sich dafür doch außerhalb des logischen Raumes möglicher Welten und damit außerhalb der Logik stellen. Das jedoch ist unmöglich. Wittgenstein drückt das im *Tractatus* in Satz 6.371 (nicht ganz unmissverständlich) mit den Worten aus: »Der ganzen modernen Weltanschauung liegt die Täuschung zugrunde, dass die sogenannten Naturgesetze die Erklärungen der Naturerscheinungen seien.« »Die ganze moderne Weltanschauung«, stattdessen hätte Wittgenstein auch sagen können »die moderne europäische und amerikanische Zivilisation« oder auch »die wissenschaftlich-technische Zivilisation«.

»So bleiben sie bei den Naturgesetzen als etwas Unantastbarem stehen, wie die Älteren bei Gott und dem Schicksal. Und sie haben ja beide Recht, und Unrecht. Die Alten sind allerdings insofern klarer, als sie einen klaren Abschluss anerkennen, währende es bei dem neuen System scheinen soll, als sei *alles* erklärt« (Satz 6.372). Die wissenschaftlich-technische Zivilisation glaubt, alles mit Naturgesetzen erklären zu können. Für sie sind die Naturgesetze etwas Letztes. Aber wir müssen die Welt vom logischen Standpunkt aus betrachten, und von diesem Standpunkt aus sind die Naturgesetze nichts Letztes, sondern Wahrheitsfunktionen der Elementarsätze. Das Letzte ist der logische Raum aller möglichen Verteilungen der Wahrheitswerte auf die Elementarsätze. Diese Verteilungen erklären, welche Naturgesetze jeweils gelten, umgekehrt können die Naturgesetze aber nicht erklären, welche der Elementarsätze wahr sind. Somit erkennt erst derjenige, der den logischen Standpunkt einnimmt, was erklärt werden kann und was nicht, und dass mit Naturgesetzen eigentlich nichts erklärt ist, weder einzelne Tatsachen noch gar die Welt als die Gesamtheit der Tatsachen im logischen Raum. Wer, wie in den vormodernen Epochen, sagt, Gott habe die Welt geschaffen und nur Gott wisse, warum er sie geschaffen habe, macht zwar allen Erklärungen ein Ende, gibt jedoch zu erkennen, dass wir Menschen nicht erklären können, warum es überhaupt eine Welt gibt und warum diese Welt und keine andere. Die wissenschaftlich-technische Zivilisation kann das alles mit Naturgesetzen ebenso wenig erklären, erweckt jedoch den gegenteiligen Eindruck. Das ist Wittgensteins Kritik im *Tractatus* an der Erklärungsillusion der wissenschaftlich-technischen Zivilisation.

Nun kritisiert Wittgenstein diese Erklärungsillusion nicht, um anschließend mit der wahren Erklärung aufzuwarten. Nein, Wittgenstein führt uns im *Tractatus* an die logische Grenze, um uns erkennen zu lassen, was nicht erklärt, weil nicht einmal mehr sinnvoll gesagt werden kann.

Und indem wir an dieser Grenze unsere unsinnigen Erklärungsambitionen überwinden, »sehen wir die Welt richtig«. Wir sehen die Welt richtig, dann, wenn wir sprachlos über das Wunder ihrer Existenz staunen. »Nicht wie die Welt ist, ist das Mystische, sondern dass sie ist. Die Anschauung der Welt sub specie aeterni [unter dem Blickwinkel der Ewigkeit] ist ihre Anschauung als – begrenztes – Ganzes. Das Gefühl der Welt als begrenztes Ganzes ist das mystische« (Sätze 6.44 und 6.45).

Wittgenstein mäkelt nicht nur ein wenig an den Erklärungsvorstellungen der wissenschaftlich-technischen Zivilisation herum. Wer ihn so versteht, missversteht das Radikale und Grundsätzliche seiner Kritik. Vielmehr sieht Wittgenstein Allmachtsphantasien am Werk, die nicht nur einfach ein Irrtum der Moderne sind, sondern die Wittgenstein, der Anhänger Tolstois, als grundsätzlich ethisch falsch verwirft. Die Vorstellung der Moderne, im Prinzip alles auf der Basis von Naturgesetzen erklären zu können, ist für Wittgenstein nichts anderes als Hybris, ein Versuch, sich an die »Stelle Gottes zu setzen«. Der Moderne mangelt es an Demut.

Die englische Schriftstellerin und Philosophin Iris Murdoch (1919–1999) charakterisiert Demut als die »selbstlose Anerkennung der Realität«. Demut ist die Haltung, seine eigenen Grenzen zu erkennen. In dieser Haltung müssen wir etwa anerkennen, dass wir nicht alles wissenschaftlich erklären, nicht alles technisch beherrschen können, und müssen es unterlassen, dort doch noch etwas erklären zu wollen, wo wir nichts mehr erklären können. Anzuerkennen haben wir das Unerklärbare und dürfen es trotzdem nicht aus gekränkter kognitiver Eitelkeit einfach ableugnen. Demut ist die Haltung, das Unerklärbare als Unerklärbares willig und staunend anzunehmen.

Das alles klingt nach einer frommen Haltung: Vielleicht ist Demut tatsächlich auch nur eine andere Bezeichnung für Frömmigkeit. Demut war jedenfalls eine Haltung, um die sich Wittgenstein zeit seines Lebens sehr bemüht hat.[81] Nun ist Demut nicht zuletzt die angemessene Haltung gegenüber Grenzen, die wir nicht überschreiten können und sollen. Nach Wittgenstein können wir uns nicht außerhalb der Logik stellen. Die Logik, genauer der logische Raum, den die Sprache bildet, ist nicht etwas, über das wir frei und selbstherrlich verfügen könnten. Der Logik haben wir zu »gehorchen«. Dass die Logik eine transzendentale Bedingung unserer Welt ist, erkennen wir daran, dass alle Sätze über das Verhältnis der Logik zur Welt am Ende unsinnig werden. Dem müssen wir uns durch Schweigen fügen. Wir sind als denkende Wesen von der Logik abhängig, nicht umgekehrt die Logik von uns. Auch als denkende Wesen müssen wir die Transzendentalität der Logik »selbstlos anerkennen«.

Eine Reihe von Philosophen glaubt, man müsse Wittgensteins Satz »Ich bin zwar kein religiöser Mensch, aber ich kann nicht anders: ich sehe jedes Problem von einem religiösen Standpunkt« in folgender Weise interpretieren.[82] Zur Logik und zu ihrer transzendentalen Rolle haben wir, so Wittgenstein, eine Haltung einzunehmen, die analog der Haltung des frommen Menschen gegenüber Gott ist, weil die Logik als transzendentale Bedingung unseres denkenden Weltbezugs eine Rolle spielt, die der Rolle sehr ähnlich ist, die Theologie und Metaphysik in der abendländischen Tradition Gott zugeschrieben haben. Deshalb neige Wittgenstein dazu, seine eigenen Überlegungen innerhalb der Philosophie in religiösen Kategorien zu beschreiben.

Mir geht diese Deutung nicht weit genug. Wittgenstein spielt nicht nur intellektuell mit einer Analogie zu den traditionellen Vorstellungen von Gott. Wittgenstein war Anhänger Tolstois. Von ihm hat er gelernt, dass es ein ethi-

81 Freilich brachte Wittgenstein offensichtlich Charaktereigenschaften mit, die wenig zu diesem Ideal passten.

82 Vgl. Shields (1993).

sches Gebot ist, demütig unsere Grenzen anzunehmen und anzuerkennen, und dass wir die Sinnbedingungen unseres Lebens nicht selber produzieren und erzwingen können. Tolstoi drückte das nie anders als in der Rede von Gott aus, und Wittgenstein war immer geneigt, ihm darin zu folgen.

Gerade Demut lässt die wissenschaftlich-technische Zivilisation nach Wittgenstein vermissen, ihr wohnt die Tendenz inne zu glauben, wir könnten am Ende alles mit wissenschaftlichen und technischen Mitteln in den Griff bekommen. Deshalb sind Wittgenstein die Werte und Ziele dieser Zivilisation nicht sympathisch. Und es ist in der Tat wahr, dass Wittgenstein seine philosophische Arbeit in einem anderen Geist verrichtet als dem, der den modernen Durchschnittswissenschaftler charakterisiert. Wittgenstein bemüht sich um eine Haltung der Demut gegenüber der Logik, die als transzendentale Sinnbedingung für uns als denkende Wesen unverfügbar bleibt. Diese Demut bildet eine natürliche Einheit mit der Demut gegenüber allen anderen unverfügbaren Sinnbedingungen eines »glücklichen« Lebens. Die christliche Tradition sagte dafür: Unser Leben ruht in Gott, und wir führen unser Leben zur Verherrlichung Gottes, zum höheren Ruhme Gottes. Warum soll ein Anhänger Tolstois nicht genau auf diese Sprache zurückgreifen, um seinen tiefen ethischen Dissens mit der wissenschaftlich-technischen Zivilisation zum Ausdruck zu bringen, oder viel besser im Sinne des *Tractatus*: seinen Dissens auf diese Weise zu zeigen?

Die Grenze, um die es im *Tractatus* geht, die Grenze zwischen Sinn und Unsinn, ist eine ethische Grenze, und als solche hat sie, recht betrachtet, für Wittgenstein immer eine religiöse Bedeutung. Deshalb hätte Wittgenstein so gerne über sein eigenes Werk das Motto gesetzt »Zur Ehre Gottes geschrieben«.

Vom logischen zum ethischen »Schweigenmüssen«

Wir sind jetzt in der Lage, Wittgensteins Denkweg, den er im *Tractatus* zurücklegt, selber mit seinen wichtigen Stationen noch einmal resümierend abzuschreiten.

Zu Beginn fragt sich Wittgenstein, wie sich die Welt vom transzendentalen Standpunkt der Logik Freges darstellt. Sie erscheint als die Gesamtheit der Tatsachen im logischen Raum. Wittgenstein muss durchaus einigen Aufwand betreiben, um den komplexen Inhalt dieser kurzen Antwortformel darzulegen. Diese logischen Darlegungen nehmen im *Tractatus*, der Sache sicher angemessen, den größten Raum ein. Ihr Umfang ist nicht zuletzt dafür verantwortlich, dass der *Tractatus* dem Leser als ein Logikbuch erscheint. Aber im Verlauf der Untersuchung besetzen eine wichtige Entdeckung und ihre Folgen das gedankliche Zentrum des Buches: Wittgenstein entdeckt, dass ein Satz, den eine Person denkt, weder zugleich das Ich als Subjekt dieses Gedankens beschreiben kann noch seine eigene Beziehung zur Welt, dank derer er den möglichen oder tatsächlich bestehenden Sachverhalt in der Welt beschreibt, den er beschreibt. Diese Entdeckung ist folgenreich.

Wir sind Wesen mit Selbstbewusstsein. Zu einem solchen Wesen werden wir nur, indem wir über uns selbst und unsere Rolle in der Welt nachdenken. Diese Selbstreflexion erstreckt sich auch auf die Sprache, ohne die wir nicht über uns und die Welt nachdenken könnten. Auf diese Weise zeichnet uns die Fähigkeit zur Selbst- und Metareflexion aus. Die Selbst- und Metareflexion realisiert sich stufenweise. Zwar ist theoretisch kein Ende in dieser Stufung abzusehen, trotzdem endet sie faktisch sehr schnell, nicht zuletzt deshalb, weil sich auf der nächsten Stufe der Selbst- oder Metareflexion in vielen Fällen praktisch keine wirklich neue Information gegenüber der vorangegangenen Stufe gewinnen lässt. Da wir in der Selbst-

und Metareflexion nicht beliebig weit aufsteigen können, können wir die Welt nie vollständig als ein Ganzes denken, in welchem wir selber als Subjekte mit allen unseren Gedanken (Sätzen) eingeschlossen sind. Jeder Versuch, das Ganze doch denken zu wollen, erzeugt inhaltsleere Sätze.

Damit ist jede Form von Metaphysik unmöglich gemacht. Metaphysik, so kann man im Einklang mit der philosophischen Tradition definieren, kommt nach der Physik. Identifizieren wir die Physik mit der Darstellung aller Tatsachen im logischen Raum, so wie Wittgenstein es tut.[83] Dann betrifft die Metaphysik entweder einzelne Sachverhalte über den logischen Raum der Tatsachen hinaus oder zumindest das Ganze des logischen Raumes. Außerhalb des logischen Raumes der Tatsachen kann jedoch nichts Sinnvolles mehr über vermeintlich neue Sachverhalte gesagt werden. Und selbst über den logischen Raum als Ganzes zu reden, würde bedeuten, etwas zu behaupten, was mit allen möglichen Verteilungen der Wahrheitswerte auf die Elementarsätze verträglich ist. Solche Sätze können nur noch Metasätze über die Sprache oder logische Kontradiktionen und Tautologien sein. Logische Kontradiktionen und Tautologien sagen nichts über die Welt, wie Wittgenstein im *Tractatus* ausgeführt hat. Die Metasätze aber werden schnell zu metastufigen Tautologien. Deshalb kann über metaphysische Gegenstände nicht sinnvoll geredet werden.

Über die Welt als ein selbstreflexiv abgeschlossenes Ganzes wie auch über alle metaphysischen Themen kann nicht sinnvoll geredet werden. Das sind jedoch keine unerheblichen Grenzen des sinnvoll Sagbaren, jedenfalls nicht aus der Perspektive Wittgensteins. Denn das Ethische ist so, wie Wittgenstein es auffasst, etwas Metaphysisches, es geht um das absolut Gute und den absolut guten oder bösen Willen. Über das Ethische kann daher nicht

83 Vgl. Abschnitt »Die gesamte Naturwissenschaft«.

sinnvoll geredet werden. Es muss darüber geschwiegen werden.

Nicht über etwas sowieso Unsinniges müssen wir schweigen. Wittgenstein appelliert an den Leser, der seinen langen Denkweg einer transzendentalphilosophischen Überlegung zu den Bedingungen sinnvoller Rede von Anfang bis Ende mitgegangen ist. Ein solcher Leser sollte, so hofft Wittgenstein, am Ende des *Tractatus* erkennen, dass wir nicht das sagen können, was wir eigentlich gerne sagen möchten, sondern dass sich das, was wirklich wichtig für uns ist, was uns unbedingt angeht, nicht aussprechen lässt. Erst jetzt am Ende, nachdem der Leser über die *Tractatus*-Sätze nachvollzogen hat, wie Unsinn entsteht, wenn wir über das reden wollen, über das sich nicht reden lässt, ist er über diese Sätze hinausgestiegen und hat sie überwunden. Nun »sieht er die Welt richtig«, indem er über das, was uns unbedingt angeht, schweigt.

Der Satz am Schluss des *Tractatus* »Wovon man nicht reden kann, darüber muss man schweigen« beinhaltet also nicht einfach eine logische Trivialität, sondern er ist selber ein ethischer Satz. Gerade dieser Schlusssatz ist keine wohlgemute Aufforderung, uns endlich von überflüssigem Unsinn zu befreien. Vielmehr ist er in der Perspektive Wittgensteins ein Satz von großem ethischem Ernst, er *zeigt* uns nämlich etwas sehr Wichtiges: Über das absolut Gute müssen wir schweigen. Dieses logische Müssen ist längst zu einem Sollen im Geiste Tolstois geworden. Über das ethisch Gute soll geschwiegen werden, es hat sich in der rechten Lebensführung und in dem rechten Lebensgefühl zu zeigen.

Einem Freund gegenüber bekennt Wittgenstein einmal, wie gerne er sein Werk mit dem Motto des Orgelbüchleins von Johann Sebastian Bach überschrieben hätte: »Dem Höchsten Gott allein zu Ehren, / Dem Nechsten, drauss sich zu belehren.«[84] Das Motto des Bach'schen Orgel-

84 Rhees (1987) S. 231.

büchleins steht ungeschrieben im Geiste über dem *Tractatus.* Der *Tractatus* ist ein Buch über das Ethische, indem er ein Buch über die logischen Grenzen der Welt ist. *Der* Tractatus *ist ein im religiösen Geist geschriebenes Buch über die Stellung des Menschen in der Welt betrachtet vom transzendentalen Standpunkt der Logik und über die ethischen Konsequenzen, die sich daraus ergeben.* Das ist sein philosophisches Projekt.

Teil VI
Kritik der Philosophie

Logische Syntax

Die Semiotik, die Lehre von den Zeichen, wird eingeteilt in die Syntax, die Semantik und die Pragmatik. Dabei liegt der Syntax eine einfache Beobachtung zugrunde: Sprachen (Zeichensysteme) bestehen aus Grundzeichen (»Alphabet«/Buchstaben). Die übrigen Zeichen (Wörter, Sätze) setzen sich aus den Grundzeichen zusammen. Regeln legen fest, welche Folgen aus Grundzeichen wiederum korrekt gebildete komplexe Zeichen (Ausdrücke) der Sprache sind und welche nicht. Die Syntax einer Sprache umfasst diese Regeln. So ist die Wortfolge »Bundeskanzlerin Merkel endlich deutsche ist erste Angela die« kein syntaktisch korrekt gebildeter Satz der deutschen Sprache, wohl aber die Wortfolge »Angela Merkel ist endlich die erste deutsche Bundeskanzlerin«.

Die Syntax trägt zur Semantik bei. Im Satz »Karl-Heinz zeigt Julia den Weg« sind die Eigennamen gegenüber dem Satz »Julia zeigt Karl-Heinz den Weg« vertauscht, und das verändert den Sinn. Der Satz »Für jeden Menschen gibt es einen Vater« besagt etwas ganz anderes als der Satz »Es gibt einen Vater für jeden Menschen«, obwohl nur die Wortstellung in den beiden Sätzen minimal verschieden ist.

Was ein Wort bedeutet, ist auch bestimmt durch den Satzzusammenhang: In »Kupfer ist ein bedeutender Opernregisseur« ist das Wort »Kupfer« offensichtlich der Name für eine Person und nicht für das Metall Kupfer. In »Kupfer ist dehnbar« bezeichnet das Wort »Kupfer« ebenso offensichtlich das Metall Kupfer. In dem Satz »Thomas

Mann ist Autor« fungiert das Wort »ist« als Kopula, um Gegenständen eine Eigenschaft zuzusprechen. »Thomas Mann ist der Autor des Romans *Doktor Faustus*«, hier steht das Wort »ist« für die Relation der Identität.

Noch etwas kommt hinzu: Die beiden Sätze »Kupfer ist ein bedeutender Opernregisseur« und »Kupfer ist dehnbar« scheinen eine sehr ähnliche syntaktische Form zu haben. Haben sie daher auch dieselbe logische Form? Mitnichten. Der Satz »Kupfer ist ein bedeutender Opernregisseur« hat die Form [*Dem Gegenstand a kommt die Eigenschaft F zu*]; der Satz »Kupfer ist dehnbar« hat hingegen die Form [*Jedem Gegenstand, dem die Eigenschaft F zukommt, kommt auch die Eigenschaft G zu*]. Dasselbe Wort scheint in zwei Sätzen eine ganz ähnliche syntaktische Stellung zu haben, und hat doch in beiden Sätzen eine ganz unterschiedliche semantische Funktion, zwei Sätze scheinen syntaktisch gleich aufgebaut zu sein, und unterscheiden sich gleichwohl in ihrer logischen Form.[85] Auf diese Phänomene hebt Wittgenstein im Satz 3.323 ab. In der Umgangssprache komme es »ungemein häufig vor, dass dasselbe Wort auf verschiedene Art und Weise bezeichnet – also verschiedenen Symbolen angehört –, oder, dass zwei Wörter, die auf verschiedene Art und Weise bezeichnen, äußerlich in der gleichen Weise im Satze angewandt werden.« Wegen dieser syntaktischen Mehrdeutigkeiten der Sprachen »entstehen leicht die fundamentalsten Verwechslungen (deren die ganze Philosophie voll ist)« (Satz 3.324).

Nach Wittgenstein sollte man daher eine Sprache schaffen, die eindeutig ist. Dasselbe Wort in derselben syntaktischen Stellung im Satz sollte auch dieselbe semantische Funktion haben, Ausdrücke mit unterschiedlicher Semantik sollten sich auch in der syntaktischen Gestalt oder

85 Die logische Form eines Satzes S bestimmt, aus welchen anderen Sätzen S logisch folgt und auch welche Sätze aus S (zusammen mit anderen Sätzen) logisch folgen.

syntaktischen Stellung unterscheiden. Wittgenstein strebt eine Zeichensprache an, »die der logischen Grammatik – der logischen Syntax – gehorcht« (Satz 3.325).

Eine solche Sprache mit eindeutiger logischer Syntax ist verglichen mit der syntaktisch vieldeutigen Umgangssprache eine ideale Sprache. In der idealen Sprache lässt sich der Sinn eines Satzes unmittelbar und eindeutig an seiner syntaktischen Zeichengestalt ablesen. In ihr kann alles, was sich überhaupt denken und aussprechen lässt, klar und deutlich aussprechen.[86] Es ist unübersehbar, dass Wittgenstein im *Tractatus* die Welt vom Standpunkt einer logisch ideal gebauten Sprache betrachtet und damit von einem Ideal aus, dem wir uns bestenfalls annähern können, das wir aber nie vollständig erreichen werden.[87]

»Die gesamte Naturwissenschaft«

Ob ein Satz eine Tatsache in der Welt beschreibt, können wir aus der Logik nicht erfahren. Die Logik handelt nur vom logischen Raum der Tatsachen, also von allen logi-

86 Vgl. Satz 4.116. Neben Frege und Russell ist der Wittgenstein des *Tractatus* der wichtigste Vertreter einer sogenannten »Philosophie der idealen Sprache«. Die (sprach)analytische Philosophie wird unterteilt in die Philosophie der idealen Sprache und in die Philosophie der normalen Sprache. Ein wichtiger Kronzeuge der Philosophie der normalen Sprache war der frühe Wittgenstein des *Tractatus*, ein wichtiger Kronzeuge der Philosophie der normalen Sprache war der späte Wittgenstein der *Philosophischen Untersuchungen* [zur sprachanalytischen Philosophie vgl. Rorty (1988)]. Deshalb war der *Tractatus* für die wichtigste Strömung innerhalb der Philosophie der idealen Sprache, nämlich für die Philosophie des Wiener Kreises [vgl. zum Wiener Kreis die Textsammlung: Stölzner/Uebel (2006)]. Eines der wichtigsten Bücher der Philosophie der idealen Sprache ist Carnaps Buch *Logische Syntax der Sprache* (1934).

87 Deutlich wird das etwa daran, dass Wittgenstein immer wieder von der Fiktion ausgeht, dass wir alle logisch atomaren Gegenstände kennen. Das ist natürlich nicht der Fall, ja, Wittgenstein lässt im *Tractatus* sogar offen, welche Gegenstände denn die logischen Atome der Welt überhaupt sind.

schen Möglichkeiten, wie die Welt beschaffen sein könnte, nicht aber davon, wie die Welt tatsächlich beschaffen ist. Es bedarf der Erfahrung und der Erfahrungswissenschaften, um zu erkennen, was in der Welt der Fall ist und was nicht. »Die Gesamtheit der wahren Sätze ist die gesamte Naturwissenschaft (oder die Gesamtheit der Naturwissenschaften)« (Satz 4.11). Warum bildet nicht die Gesamtheit der Erfahrungswissenschaft (oder die Gesamtheit der Erfahrungswissenschaften) die Gesamtheit der wahren Sätze? Und was ist mit der Mathematik? Ist sie nach Wittgenstein Teil der Naturwissenschaften?

Im Fall der Mathematik ist die Antwort einfach. Für den *Tractatus* ist die Mathematik ein Teil der Logik. Die Sätze der Mathematik können, so glaubt Wittgenstein, logisch-definitorisch auf die Gesetze der Logik zurückgeführt werden. Das ist die Kernthese des Logizismus, den Wittgenstein von Frege und Russell übernimmt. Allerdings wollen wir den Logizismus hier nicht weiter diskutieren.[88]

Doch warum schließt Wittgenstein die Sozialwissenschaften, die Kulturwissenschaften, die Geisteswissenschaften aus der Gesamtheit der wahren Sätze aus? Die Antwort ist ebenfalls einfach. Wittgenstein nennt hierfür keinen Grund und hat hierfür auch keinen anzubieten.[89] Erst die Vertreter des Wiener Kreises, die gelehrige Schüler des *Tractatus* waren, lieferten zumindest den Versuch einer Begründung. Sie behaupten, dass alle Erfahrungswissenschaften genauso auf die Physik reduziert werden können wie die Mathematik auf die Logik. Diese Auffassung nennt man »Physikalismus«. Alle Geistes-, Sozial- und Kulturwissenschaften sollen zunächst auf die Psychologie,

88 Eine ganze Reihe von Sätzen (im logischen Teil) des *Tractatus* sind der Diskussion der Grundlagen der Mathematik und der Verteidigung der logizistischen These gewidmet.

89 Wittgenstein wiederholt hier eine Gedankenlosigkeit und ein unter (einigen Naturwissenschaftlern, Logikern, Mathematikern und nicht zuletzt einigen Philosophen) beliebtes Vorurteil.

die Psychologie dann auf die Biologie, die Biologie auf Chemie und Physik und schließlich die Chemie auf die Physik reduziert werden. So soll sich am Ende alles, was über die Welt gesagt werden kann, in der Sprache der Physik mit den methodischen Mitteln der Physik sagen lassen. Die Physik ist für den Wiener Kreis die Einheitswissenschaft. Der physikalistische Reduktionismus und die Idee der Einheitswissenschaft finden sich zwar nicht explizit im *Tractatus*, indirekt allerdings schon, denn Wittgenstein setzt das Erfahrungswissen mit dem naturwissenschaftlichen Wissen gleich. Im Anschluss an den *Tractatus* teilt der Wiener Kreis das gesamte menschliche Wissen in folgender Weise in apriorisches und Erfahrungswissen ein.

Die Auffassung des Wiener Kreises im Anschluss an den Tractatus

Apriorisches Wissen	Erfahrungswissen
Logik Mathematik	Physik als Einheitswissenschaft

Bleibt in dieser Einteilung des Wissens noch Platz für die Philosophie? Nach Satz 4.111 ist die Philosophie jedenfalls keine Naturwissenschaft. Ist die Philosophie deshalb auf die Seite der Logik und Mathematik zu schlagen?

Philosophie als logische Analyse

Wittgenstein ist dem Programm einer idealen Sprache verpflichtet. Die Syntax der Umgangssprache ist mehrdeutig. Deshalb missverstehen wir immer wieder die logische Form von Sätzen. Betrachten wir ein berühmtes Beispiel von Russell, nämlich den Satz »Der gegenwärtige König von Frankreich ist kahlköpfig«. Der Satz scheint eine ganz ähnliche Form zu haben wie der Satz »Der Schiedsrichter Collina ist kahlköpfig«. Beide Sätze scheinen die Form zu haben [*Dem Einzelobjekt a kommt die Eigenschaft F zu*].

»Der gegenwärtige König von Frankreich«	*»ist kahlköpfig«*
↑	↑
singulärer Terminus	genereller Terminus
↓	↓
»Schiedsrichter Collina«	*»ist kahlköpfig«*

Der Satz über den gegenwärtigen König von Frankreich bereitet uns jedoch Probleme: Ein singulärer Terminus hat nur dann eine Bedeutung (Extension), wenn er für einen Einzelgegenstand steht. Existiert ein solcher Gegenstand nicht, hat der Name keine Bedeutung, und ein Satz, in dem er vorkommt, ist dann sinnlos. Ist der Satz »Bluckfidelium ist kahlköpfig« wahr oder falsch? Schwer zu sagen: Wer oder was soll Bluckfidelium sein? Ist der Satz »Der gegenwärtige König von Frankreich ist kahlköpfig« wahr oder falsch? Schwer zu sagen, da Frankreich doch gegenwärtig nicht von einem König regiert wird. Ist der Satz aber sinnlos?

Nach Russell entsteht hier dies Problem nur deshalb, weil wir glauben, dass der Satz »Der gegenwärtige König von Frankreich ist kahlköpfig« die logische Form hat [*Dem Einzelobjekt a kommt die Eigenschaft F zu*]. In Wahrheit handelt es sich um einen Existenzsatz der Form [*Es gibt genau einen Einzelgegenstand x, für den gilt: x ist gegenwärtiger König von Frankreich und x ist kahlköpfig*]. Als Existenzsatz ist der Satz nicht sinnlos, denn jedes logische Element des Satzes hat eine Bedeutung, er ist nur falsch. Der Satz »Der gegenwärtige König von Frankreich ist kahlköpfig« verdeckt durch seine syntaktische Ähnlichkeit mit dem Satz »Der Schiedsrichter Collina ist kahlköpfig« seine wahre logische Form. Weil wir seine logische Form verkennen, plagen wir uns mit einer scheinbaren Schwierigkeit, die verschwindet, sobald wir die wahre logische Form des Satzes durchschauen.

Hat Russell mit seiner Analyse etwas Neues über die Welt erfahren? Nein, denn dem Wissen über die Welt ist nichts hinzugefügt worden. Die philosophischen Bemühungen von Russell tragen andere Früchte. Wir wurden uns klar über die logische Form bestimmter Sätze. Genau diese Aufgabe weist Wittgenstein der Philosophie zu: Die Philosophie soll unsere Gedanken logisch klären. Alle Philosophie ist nach Wittgenstein »Sprachkritik« (vgl. Satz 4.0031). Insofern ist sie eine Tätigkeit, keine Lehre. Das Resultat der Philosophie seien nicht »philosophische Sätze«, sondern das Klarwerden von Sätzen (vgl. Satz 4.112).

Die logische Analyse unterscheidet drei Arten von Sätzen, nämlich Tautologien: sie sind a priori wahr und gewiss; Kontradiktionen: sie sind a priori gewiss falsch; Sätze, die möglicherweise wahr sind, aber auch falsch sein können. Bestreiten lassen sich nur Sätze, die aufgrund ihrer logischen Form sowohl falsch als auch wahr sein können. Indem die Philosophie die logische Form der Sätze klärt, klärt sie, was sich überhaupt sinnvollerweise bestreiten lässt. Sinnvoll bestreiten lassen sich nicht die Sätze der Logik, sondern nur Erfahrungssätze und damit aufgrund des Wittgenstein'schen Vorurteils die Sätze der Naturwissenschaften. Also kann er behaupten, die Philosophie begrenze das bestreitbare Gebiet der Naturwissenschaft (vgl. Satz 4.113).

Die Sinnlosigkeit der Philosophie

Natürlich sind wir niemals davor gefeit, die logische Form unserer Sätze misszuverstehen, schon gar nicht beim Philosophieren. Daher ist für das Philosophieren die Maxime allemal sinnvoll, sich stets vorab zu vergewissern, dass eine philosophische Frage sinnvoll ist und sich uns nicht allein deshalb aufdrängt, weil wir die logische Form von Sätzen missdeuten. Diese Maxime impliziert selbstverständlich nicht, dass sich alle Fragen und Antwortversuche in der Philosophie am Ende als sinnlos erweisen. Doch genau das behauptet Wittgenstein (vgl. Satz 4.003). »Die richtige Methode der Philosophie wäre eigentlich die: Nichts zu sagen, als was sich sagen lässt, also Sätze der Naturwissenschaft – also etwas, was mit Philosophie nichts zu tun hat –, und dann immer, wenn ein anderer etwas Metaphysisches sagen wollte, ihm nachzuweisen, dass er gewissen Zeichen in seinen Sätzen keine Bedeutung gegeben hat« (Satz 6.53).

Wie begründet Wittgenstein diese harsche Philosophiekritik? Explizit tut er dies leider gar nicht, höchstens implizit lässt sich dem *Tractatus* ein Argument entnehmen. Die Philosophie ist Metaphysik und als solche weder Erfahrungswissenschaft noch einfach Teil der Logik (und Mathematik). Da aber jeder sinnvolle Satz entweder empirisch oder ein Satz der Logik ist, sind die Sätze der Metaphysik nicht sinnvoll. So jedenfalls argumentieren die Vertreter des Wiener Kreises und berufen sich dabei ausdrücklich auf den *Tractatus*.

Das berühmteste Beispiel einer solchen Metaphysikkritik stammt von Carnap. Carnap zitiert in seinem Aufsatz *Überwindung der Metaphysik durch logische Analyse der Sprache* einige Sätze aus Martin Heideggers (1889–1976) Freiburger Antrittsvorlesung *Was ist Metaphysik?*: »Erforscht werden soll das Seiende nur und sonst – nichts; das Seiende allein und weiter – nichts; das Seiende einzig und darüber hinaus – nichts. Wie steht es um dieses Nichts? – – Gibt es das Nichts nur, weil es das Nicht, d. h. die Verneinung gibt? Oder liegt es umgekehrt? Gibt es die Verneinung und das Nicht nur, weil es das Nichts gibt? – – Wir behaupten: Das Nichts ist ursprünglicher als das Nicht und die Verneinung. – – Wo suchen wir das Nichts? Wie finden wir das Nichts? – – Wir kennen das Nichts. – – Die Angst offenbart das Nichts. – – Wovor und warum wir uns ängsteten, war, eigentlich – nichts. In der Tat: das Nichts selbst – als solches – war da. – – Wie steht es um das Nichts? – – Das Nichts selbst nichtet.«[90]

Carnap kommentiert, dass auf »dem Gebiet der Metaphysik (einschließlich aller Wertphilosophie und Normwissenschaft)« die logische Analyse »zu dem negativen Ergebnis« führe, »dass die vorgeblichen Sätze dieses Gebietes gänzlich sinnlos sind. Damit ist eine radikale Überwindung der Metaphysik erreicht, die von den früheren antimetaphysischen Standpunkten aus noch nicht möglich war. […] Die Metaphysik gilt uns nun nicht als ›bloßes Hirngespinst‹ oder ›Märchen‹. Die Sätze eines Märchens widerstreiten nicht der Logik, sondern nur der Erfahrung; sie sind durchaus sinnvoll, wenn auch falsch. Die Metaphysik ist kein ›Aberglaube‹; glauben kann man an wahre und an falsche Sätze, aber nicht an sinnlose Wortreihen. Auch nicht als ›Arbeitshypothesen‹ kommen metaphysische Sätze in Betracht; denn für eine Hypothese ist das Ableitungsverhältnis zu (wahren oder falschen) empirischen Sätzen wesentlich, und das fehlt gerade bei Scheinsätzen«[91].

Mit Hilfe einer Tabelle will Carnap nachzeichnen, wie bei Heidegger Unsinn entsteht und warum es Unsinn ist. Hier, nur ein wenig verkürzt, seine Tabelle[92]:

90 R. Carnap, »Überwindung der Metaphysik durch logische Analyse der Sprache«, in: *Erkenntnis* Bd. 2 (1931) S. 219–249; zitiert nach Carnap (2004) S. 93.

91 Carnap (2004) S. 81 und 96f.

92 Ebd., S. 94.

I. Sinnvolle Sätze der üblichen Sprache	II. Entstehung von Sinnlosem aus Sinnvollem in der üblichen Sprache	III. Logisch korrekte Sprache
A. Was ist draußen? Draußen ist Regen	A. Was ist draußen? Draußen ist nichts.	A. Es gibt nicht etwas, was draußen ist. $\neg(\exists x)\cdot dr(x)$
B. Wie steht es um diesen Regen? 1. Wir kennen den Regen. 2. Der Regen regnet.	B. »Wie steht es um dieses Nichts? 1. »Wir suchen das Nichts« »Wir finden das Nichts« »Wir kennen das Nichts« 2. »Das Nichts nichtet.« 3. »Es gibt das Nichts nur, weil […]«	B. *Alle diese Formen können überhaupt nicht gebildet werden.*

Durch die Satzreihe »Was ist draußen?« ⇒ »Draußen ist nichts« ⇒ »Wie steht es um dieses Nichts« ⇒ »Das Nichts selbst nichtet« will Carnap glauben machen, Heidegger habe den Ausdruck »es gibt nicht etwas, für das gilt: […]« fälschlicherweise für einen Eigennamen »das Nichts« gehalten. Ignoriert Carnap hier nicht, was er selber wenigstens mit zwei Sätzen Heideggers zitiert, nämlich mit den Sätzen »Die Angst offenbart das Nichts« und »Wovor und warum wir uns ängsteten, war eigentlich – nichts«? Carnap zitiert bis auf den Schlusssatz die folgenden erhellenden Sätze Heideggers nicht: »Zwar ist die Angst immer Angst vor […], aber nicht vor diesem oder jenem. Die Angst vor […] ist immer Angst um […], aber nicht um dieses oder jenes. Die Unbestimmtheit dessen jedoch, wovor und warum wir uns ängstigen, ist kein bloßes Fehlen der Bestimmtheit, sondern die wesentliche Unmöglichkeit des Bestimmbaren.« Dass »die Angst das Nichts enthüllt, bestätigt der Mensch selbst unmittelbar dann, wenn die Angst gewichen ist. In der Helle des Blicks, den die frische Erinnerung trägt, müssen wir sagen: Wovor und warum wir uns ängsteten, war ›eigentlich‹ – nichts«[93].

Ohne Zweifel, Heidegger analysiert das menschliche Dasein. »Das metaphysische Fragen muss im Ganzen und aus der wesentlichen Lage des fragenden Daseins gestellt werden«, heißt es zu Beginn der Freiburger Antrittsvorlesung.[94] Im Kontext einer Daseinsanalyse befasst sich Heidegger ausgiebig mit der Angst. Das Unbestimmte der Angst, die alles einbezieht und doch nicht auf etwas Bestimmtes zielt, das Radikale der Angst, in der es um Sein und Nicht-Sein geht, ihr Zusammenhang mit der Endlichkeit des Daseins und dem Tod, der am Ende alles vernichtet und der manchen von uns das Dasein in der Welt insgesamt als nichtig erscheinen lässt: all dieses und noch mehr klingt in dem Heidegger-Satz »Das Nichts nichtet« an. Im Kontext einer Daseins- und Angstanalyse sind Sätze wie »Das Nichts nichtet« also sehr gut verständlich.

Im Schlussteil seines Aufsatzes begibt sich Carnap auf Motivsuche. Was wollen die Metaphysiker, streben es aber mit logisch verbotenen Mitteln an? »Wir finden, dass auch die Metaphysik aus dem Bedürfnis entspringt, das Lebensgefühl zum Ausdruck zu bringen, die Haltung, in der ein Mensch lebt, die gefühls- und willensmäßige Einstellung zur Umwelt, zu den Mitmenschen, zu den Aufgaben, an denen er sich betätigt, zu den Schicksalen, die er erleidet.« Dieses Lebensgefühl äußere sich, »meist unbewusst, in allem, was der Mensch tut und sagt; es prägt sich auch in seinen Gesichtszügen, vielleicht auch in der Haltung seines

93 Heidegger (1992) S. 32 f.
94 Ebd., S. 24.

Ganges aus«. Manche Menschen hätten »nun das Bedürfnis, darüber hinaus noch einen besonderen Ausdruck für ihr Lebensgefühl zu gestalten, in dem es konzentrierter und eindringlicher wahrnehmbar wird«. Sind »solche Menschen künstlerisch befähigt, so finden sie in der Formung eines Kunstwerkes die Möglichkeit, sich auszudrücken«. Dabei sei »nur dies wesentlich, dass die Kunst das adäquate, die Metaphysik aber ein inadäquates Ausdrucksmittel für das Lebensgefühl ist«[95]. Und dann vergleicht Carnap die Metaphysiker mit den Musikern: »Vielleicht ist die Musik das reinste Ausdrucksmittel für das Lebensgefühl, weil sie am stärksten von allem Gegenständlichen befreit ist.« Metaphysiker sind für ihn »Musiker ohne musikalische Fähigkeit. Dafür besitzen sie eine starke Neigung zum Arbeiten im Medium des Theoretischen, zum Verknüpfen von Begriffen und Gedanken. Anstatt nun einerseits diese Neigung im Gebiet der Wissenschaft zu betätigen und andererseits das Ausdrucksbedürfnis in der Kunst zu befriedigen, vermengt der Metaphysiker beides und schafft ein Gebilde, das für die Erkenntnis gar nichts und für das Lebensgefühl etwas Unzulängliches leistet«[96].

Carnaps These von der Metaphysik als unzulänglicher, inadäquater Ausdruck eines Lebensgefühls wirkt als Einwand gegen Heidegger wie ein schlechter Witz. Gerade in der Freiburger Antrittsvorlesung, in *Sein und Zeit* und in vielen anderen Texten[97] thematisiert Heidegger die Stimmungen. Ja, man kann kaum überlesen, wie sich Heidegger zu Gute hält, vielleicht als Erster die Bedeutung der Stimmungen für eine Analyse der menschlichen Existenz in ihrer ganzen Tragweite entdeckt zu haben. Ich will in einigen wenigen Sätzen etwas von Heideggers Überlegungen zu den Stimmungen andeuten.

95 Carnap (2004) S. 105 f.
96 Ebd., S. 107.
97 Vgl. Heidegger (1992a).

Wir sind in der Welt da, wir finden uns einfach in der Welt zusammen mit anderen vor. Dabei wissen wir weder, woher wir kommen, noch, wohin wir gehen. Wir sind ins Dasein geworfen. Mit »Geworfenheit« meint Heidegger das »nackte« und in gewisser Weise »brutale« Faktum, dass wir einfach da sind, ungefragt, ungewollt, ohne sicheres Wissen über das Woher und Wohin unseres Lebens. Wir befinden uns in der Welt jeweils in einer bestimmten Stimmung. Diese Stimmung wechselt, manchmal von Augenblick zu Augenblick, unvorhersehbar und willentlich nur schwer zu beeinflussen. Immer sind wir auf eine bestimmte Weise gestimmt, weil wir nicht distanziert, interesselos die Welt betrachten, sondern weil wir besorgend in der Welt tätig und deshalb von den Dingen und den anderen in der Welt positiv oder negativ betroffen sind. Unser In-der-Welt-Sein ist Betroffenheit, und diese Betroffenheit erschließt sich uns in unserem Gestimmtsein. In der Befindlichkeit (dem so oder so gestimmten In-der-Welt-Sein) erleben wir, dass und wie wir auf die Welt angewiesen sind, dass und in welcher Weise uns die Dinge und die anderen Menschen in der Welt etwas angehen. Die Stimmungen, in denen jeder von uns in der Welt ist, sind nicht einfach »seelische Zustände in uns«, die mit der Welt zunächst nichts zu tun haben und die auf »rätselhafte Weise hinausgelangen und auf die Welt und die Dinge und die anderen Menschen abfärben«, wie Heidegger sagt; nur ein Wesen, dessen Dasein wesentlich ein In-der-Welt-Sein ist und von Dingen und den anderen Menschen positiv oder negativ betroffen ist, hat Stimmungen. Heidegger sagt: »Die Stimmung hat je schon das In-der-Welt-sein als Ganzes erschlossen und macht ein Sichrichten auf […] allererst möglich.« Wie wir gestimmt in der Welt sind, darin ist das Faktum des In-der-Welt-Seins, also die »Geworfenheit ins Dasein« präsent oder verhüllt und verschleiert. »Die Befindlichkeit erschließt das Dasein in seiner Geworfenheit und zunächst und zumeist in der Weise der ausweichenden Abkehr. Es sind die Stimmungen, in denen sich uns unser »In-der-Welt-da-sein primär erschließt und gegenwärtig ist, nicht theoretisch distanzierte Schau auf die Welt und die anderen«. Wir müssten »in der Tat ontologisch grundsätzlich die primäre Entdeckung der Welt der ›bloßen Stimmung‹ überlassen«[98].

In der Freiburger Antrittsvorlesung erläutert Heidegger das am Beispiel der Langeweile: »Sie [die Langeweile, die nicht bloße augenblickliche Stimmung ist, sondern das Dasein ›im Ganzen‹ offenbart, H. T.] ist noch fern, wenn uns lediglich dieses Buch oder jenes Schauspiel, jene Beschäftigung oder dieser Müßiggang langweilt. Sie bricht auf, wenn ›es einem langweilig ist‹. Die tiefe Langeweile, in den Abgründen des Daseins wie ein schweigender Nebel hin- und herziehend, rückt alle Dinge, Menschen und einen selbst mit ihnen in eine merkwürdige Gleichgültigkeit zusammen. Diese Langeweile offenbart das Seiende im Ganzen.«[99]

Nun leugnet Carnap nicht, dass man über Stimmungen reden kann. Aber das geschieht, so Carnap, in deskriptiven Sätzen, die selber die in ihnen beschriebene Stimmung nicht ausdrücken. Metaphysiker jedoch wollen nach Carnap nicht über Stimmungen reden, sie wollen Stimmungen in theoretischen Sätzen ausdrücken, und das ist für Carnap ein sprachlogisches Unding.

Heidegger kann diese Unterscheidung nicht mitmachen. Es gibt für ihn nicht auf der einen Seite die Stimmungen, die wir unter anderem durch Gestik und Mimik, durch Bewegung, Tanz, Musik, Dichtung oder durch Malerei zum Ausdruck bringen, und auf der anderen Seite die stimmungsneutralen deskriptiven Sätze über das, was in der Welt der Fall ist. Wir sind in jedem Augenblick unseres Daseins in einer bestimmten Stimmung. Nichts ist stimmungsfrei oder stimmungsneutral, auch nicht unsere

98 Heidegger (1979) S. 137f.
99 Heidegger (1992) S. 30f.

wissenschaftliche Rede. Heidegger hält also nichts davon, bestimmte Sätze, genauer: Äußerungen von Sätzen, auf ihren deskriptiven Gehalt zu verkürzen. Sätze werden geäußert und als Äußerungen sind sie Lebensäußerungen und als Lebensäußerungen äußert sich in ihnen auch immer ein Gestimmtsein des Redenden. Natürlich sind bestimmte Sätze expressiver als andere, und bestimmten Sätzen ist klarer und eindeutiger als anderen Sätzen Wut, Trauer, Belustigung, Überheblichkeit, Freude, Angst und Schrecken, Bestürzung, Gelassenheit, freundliche Sympathie oder was auch immer eingeschrieben. Aber letztlich sind das nur graduelle Unterschiede zwischen den Sätzen. Deshalb kann die Äußerung ein und desselben Satzes in der einen Situation angemessen, in der anderen völlig fehl am Platze sein, selbst dann, wenn der Satz von seinem deskriptiven Inhalt her für beide Situationen stimmen mag.

Von diesem Gestimmtsein sind die Sätze der Metaphysik am allerwenigsten ausgenommen. Unüberhörbar umgibt die Sätze von *Sein und Zeit* oder der Freiburger Antrittsvorlesung eine charakteristische Stimmung: Diese Sätze haben ein ihnen ganz eigenes Pathos und einen dramatisierenden Tonfall (der einem gefallen mag oder nicht). Aber es geht nach Heidegger in der Metaphysik ja auch um etwas: Illusionslos soll unser Dasein in den Blick genommen werden, so lebhaft und eindringlich sollen Ratlosigkeit, Schrecken, Angst vor der schlichten Faktizität des Daseins vergegenwärtigt werden, die in allen unseren Lebensäußerungen stets mitschwingt, dass wir uns nicht mehr einfach in die Ausflüchte des von ihm sogenannten »Man« retten können. Der emotionale Gestus von *Sein und Zeit* lebt davon, das »Geworfensein« in das Dasein und die daraus erwachsende Sorge nicht zu verharmlosen, nicht den falschen Tröstungen des Alltags zu erliegen, sich nicht im und mit dem Gerede des Man zu beschwichtigen. Heidegger verfremdet die Sprache oder erfindet eine neue Sprache, um aus den verharmlosenden Sprachklischees des

Man auszubrechen. Heidegger redet nicht nur über Stimmungen, er will Stimmungen lebendig werden lassen, erfahrbar machen, indem er über Stimmungen redend ein Stück weit diese Stimmungen erzeugt.

Heidegger tut damit im Grunde genommen nichts anderes als Wittgenstein im *Tractatus*. Auch Wittgensteins Sätze im *Tractatus* prägen eine eigentümliche existenzielle Expressivität und ein Pathos, nur dass Wittgenstein die Stimmungen mit ganz anderen sprachlichen Mitteln erzeugt als Heidegger.[100]

Dieser fehlgeschlagene Versuch, Heideggers Philosophie als sprachlichen Unsinn zu brandmarken, widerlegen bereits die Allsätze 4.003 und 6.53 des *Tractatus* über die Sinnlosigkeit der Philosophie. Natürlich steht es Wittgenstein frei, sich mit der Philosophie nur so weit zu beschäftigen, als sie logische Sprachkritik übt, und sicher sollte alles Philosophieren mit Sprachkritik beginnen. Die eine oder andere Philosophie wird in der Tat eine solche Sprachkritik nicht überstehen, sondern sich als sprachlogischer Unsinn entlarven. Nur rechtfertigt das nicht die anmaßenden Allsätze Wittgensteins über *die* Philosophie. Wo Carnap immerhin noch versucht, am Beispiel der Philosophie Heideggers seine These von der Sinnlosigkeit der Metaphysik wenigstens zu belegen, glaubt Wittgenstein im *Tractatus* gänzlich auf solche Belege verzichten zu können.[101]

100 Um der Gerechtigkeit willen sei erwähnt, dass Carnap und mit ihm viele Vertreter des Wiener Kreises mit dieser Seite des Wittgenstein'schen *Tractatus* große Schwierigkeiten hatten, auch wenn ihnen Wittgenstein ansonsten Gewährsmanns in der These von der Sinnlosigkeit aller Metaphysik war.

101 In Wahrheit finden sich überzeugende Belege für die These, dass sich die Philosophie einem Missverständnis der »logischen Grammatik« der Sprache verdankt, weder bei Carnap noch beim Wittgenstein des *Tractatus*, sondern zum Beispiel bei einem Philosophen wie Gilbert Ryle mit seiner Kritik am cartesianischen Dualismus; vgl. zu Ryles Kritik am cartesianischen Dualismus Ryle (1969), und auch Tetens (2006) S. 198–203, zur sprachanalytischen Philosophiekritik insgesamt aber Bubner (1968) und Ryle (1968).

Wittgensteins Selbstkritik am *Tractatus*

Im *Tractatus* dient die Sprache nur einem Zweck: Sie soll die Tatsachen, deren Gesamtheit die Welt ausmachen, abbilden. Mehr kann und soll die Sprache nicht. Von dieser monofunktionalen Sicht verabschiedet sich der späte Wittgenstein und kritisiert ausdrücklich sich selbst für die enge und einseitige Sprachauffassung im *Tractatus*. »Führe dir die Mannigfaltigkeit der Sprachspiele an diesen Beispielen, und anderen, vor Augen: Befehlen, und nach Befehlen handeln – Beschreiben eines Gegenstands nach dem Ansehen, oder nach Messungen – Herstellen eines Gegenstands nach einer Beschreibung (Zeichnung) – Berichten eines Hergangs – über den Hergang Vermutungen anstellen – eine Hypothese aufstellen und prüfen [...]« Es sei »interessant, die Mannigfaltigkeit der Werkzeuge der Sprache und ihrer Verwendungsweisen, die Mannigfaltigkeit der Wort- und Satzarten, mit dem zu vergleichen, was Logiker über den Bau der Sprache gesagt haben. (Und auch der Verfasser der *Logisch-Philosophischen Abhandlung*.)«[102]

Während der *Tractatus* das Beschreiben von Sachverhalten zur alleinigen Aufgabe der Sprache erhebt, ist es in Wittgensteins Spätschriften nur noch eine sprachliche Tätigkeit unter vielen. Indem wir sprechen, tun wir jeweils höchst unterschiedliche Dinge, und wir tun das deshalb, weil alle unsere sprachlichen Äußerungen aufs Engste verwoben sind mit unseren übrigen Handlungen und den Umständen, die den sprachlichen Äußerungen teils vorausgehen, teils sie begleiten, teils an sie anschließen. Um verständig zu sprechen, müssen wir an einer verwickelten sozialen Lebensform mit ihren vielfältigen Sprachspielen teilnehmen.

Nach dem *Tractatus* erzeugt der Philosoph sprachlichen Unsinn, sobald er die Grenzen der Sprache überschreiten

102 Wittgenstein (2003) S. 26 f.

will. Auch in seiner Spätphilosophie brandmarkt Wittgenstein das immer noch als den Kardinalfehler des Philosophen. Redet der Philosoph außerhalb der in unserer Lebenswelt verankerten Sprachspiele philosophisch, scheitert er. Denn die Sprache funktioniert nur innerhalb einer Lebensform. Einerseits ermöglicht die Sprache die verschiedenen Lebensformen erst, andererseits gewinnen die sprachlichen Ausdrücke ihre Bedeutung nur durch ihren Gebrauch in den lebensweltlichen Sprachspielen. Wer sie aus dieser Umgebung herausreißt und sie in Umständen und für Zwecke verwendet, für die die sprachlichen Ausdrücke nicht gemacht sind, beraubt sie ihres Sinns und ihrer Bedeutung. Seine Sätze werden unsinnig. Wittgenstein glaubt, dass das den Philosophen häufig passiert.

Wieder sieht er die Aufgabe der Philosophie darin, sich von solchem Unsinn zu befreien. Aber vor dem Hintergrund seiner gegenüber dem *Tractatus* gewandelten Sicht von der Sprache besteht nun die richtige Methode in der Philosophie darin, Sätze der Philosophie mit der alltäglichen Verwendung der Wörter zu kontrastieren. »Wenn die Philosophen ein Wort gebrauchen – »Wissen«, »Gegenstand«, »Ich«, »Satz«, »Name« – und das Wesen des Dings zu erfassen trachten, muss man sich immer fragen: Wird denn dieses Wort, in der es seine Heimat hat, je tatsächlich so gebraucht? – Wir führen die Wörter von ihrer metaphysischen, wieder auf ihre alltägliche Verwendung zurück.«[103] Der Philosoph muss auf eine einfache und durchsichtige Weise beschreiben, wie wir die Ausdrücke tatsächlich im Alltag gebrauchen. Das ist das einzige Gegenmittel gegen die Gefahr beim Philosophieren, den durchaus verwickelten und unübersichtlichen Gebrauch der Sprache im Alltag aus dem Blick zu verlieren. »Es ist eine Hauptquelle unseres Unverständnisses, dass wir den Gebrauch unserer Wörter nicht *übersehen*. – Unserer

103 Ebd., S. 82 (§ 116).

Grammatik fehlt es an Übersichtlichkeit. – Die übersichtliche Darstellung vermittelt das Verständnis, welches eben darin besteht, dass wir die ›Zusammenhänge sehen‹.«[104]

Im Rückblick diagnostiziert Wittgenstein auch am *Tractatus* eine philosophische Blindheit für die Vielfalt der Aufgaben, die die Sprache tatsächlich zu erfüllen hat. Gerade die Klarheit der Logik hat Wittgenstein geblendet. Er erkennt, wie ihn seine enthusiastische Orientierung an der faszinierenden Logik Freges dazu verleitet hatte, alle Sätze über den Leisten derselben logischen Form zu schlagen. In den *Philosophischen Untersuchungen* zitiert er sich mit Satz 4.5 des *Tractatus* selber und kommentiert dann. »Log. Phil. Abh. (4.5): ›Die allgemeine Form des Satzes ist: Es verhält sich so und so‹. – Das ist ein Satz von jener Art, die man sich unzähligemale wiederholt. Man glaubt, wieder und wieder der Natur nachzufahren, und fährt nur der Form entlang, durch die wir sie betrachten. Ein *Bild* hielt uns gefangen. Und heraus konnten wir nicht, denn es lag in unsrer Sprache, und sie schien es uns nur unerbittlich zu wiederholen.«[105]

Unter dem Einfluss der Logik orientiert sich Wittgenstein im *Tractatus* einseitig an deskriptiven Beispielsätzen, bis er am Ende glaubt, alle Sätze der Sprache seien deskriptive Sätze derselben Form [*Es verhält sich so und so*] und dienten nur dem Zweck, das zu beschreiben, was in der Welt der Fall ist. Er nimmt gar nicht mehr wahr, dass wir mit Sätzen noch ganz andere Dinge tun, als nur die Welt zu beschreiben, und dass daher der Versuch, sie auf die logische Form bestimmter deskriptiver Sätze zu bringen, die ungeheure Vielfalt der Sprache und ihrer Formen vergewaltigt.

Deshalb ignoriert Wittgenstein im *Tractatus* zum Beispiel den Unterschied zwischen deskriptiven und normati-

104 Ebd., S. 84 (§ 122).
105 Ebd., S. 82.

ven Sätzen. Noch im *Vortrag über Ethik* »hält« ihn das »Bild« von einer universellen logischen Form aller Sätze so »gefangen«, dass er einen Satz wie »Es war gut, dass Jelissei seine Pilgerreise nicht fortgesetzt, sondern der verhungernden Bauernfamilie geholfen und ihr das Leben gerettet hat« ganz unangemessen als einen deskriptiven Satz der Form »Jelissei hat das vorgegebene Ziel, Menschen in Not zu helfen, optimal verwirklicht« rekonstruiert hätte. Später, in den *Philosophischen Untersuchungen*, bemerkt er dazu selbstkritisch: »Eine Hauptursache philosophischer Krankheiten – einseitige Diät: man ernährt sein Denken nur mit einer Art von Beispielen.«[106]

Rufen wir uns erneut Satz 6.53 aus dem *Tractatus* in Erinnerung. In seiner Spätphilosophie würde Wittgenstein diesen Satz so abwandeln: Die richtige Methode der Philosophie wäre eigentlich die: Nichts zu sagen, als was sich sagen lässt, also Sätze in ihrer normalen alltäglichen Verwendung – also etwas, was mit Philosophie nichts zu tun hat –, und immer dann, wenn ein anderer etwas Metaphysisches sagen wollte, ihm nachzuweisen, dass er seine Sätze aus dem Kontext der Lebensform herausgerissen hat, in dem sie normalerweise gebraucht werden und in dem allein sie ihren Sinn und ihre Bedeutung gewinnen.

Betrachten wir ein Beispiel etwas näher: Zu den Grundfragen der Philosophie gehört die Frage »Was können wir wissen?«. Legt man sich diese Frage nur sehr grundsätzlich vor, wie das in der Philosophie üblich ist, steht man alsbald vor typisch skeptischen Befürchtungen. Woher sind wir so sicher, dass es die Bäume, Berge, Flüsse, die Autos, die anderen Menschen, den Himmel, die Tiere und die unzähligen anderen Dinge tatsächlich gibt? Ist möglicherweise alles ganz anders, als wir glauben? Könnte alles, was wir sicher zu wissen glauben, in Wahrheit falsch sein? Irren wir uns vielleicht in allem, was wir zu wissen meinen?

106 Ebd., S. 251 (§ 593).

Auch wenn man diese Fragen vielleicht niemals beantworten kann oder auch nicht beantworten will, so hat man trotzdem nicht den Eindruck, nicht zu verstehen, wonach gefragt wird. Würden wir gefragt, ob Primzahlen grün sind, wäre das anders. Wir würden diese Frage für unsinnig oder für eine Scherzfrage halten. Auf unsere Entgegnung, Primzahlen seien selbstverständlich nicht grün, könnte jemand mit der Frage reagieren: »Ach so, sind Primzahlen etwa blau?« Wir müssten ihm erwidern, dass Primzahlen überhaupt nicht zu den Dingen gehören, die man mit Farben in Verbindung bringen kann. Selbst der Satz »Primzahlen sind farblos« wäre ja noch irreführend, da Primzahlen nicht in dem Sinne farblos sind, wie eine Flüssigkeit farblos sein kann. Farblose Flüssigkeiten können sich immer noch verfärben, Primzahlen nicht. Nach der Farbe von Primzahlen zu fragen, ist von vornherein Unsinn. Doch bei der Frage »Ist es nicht möglich, dass ich mich in allem, was ich zu wissen meine, tatsächlich irre?« sind wir erst einmal nicht irritiert.

Wenn uns an dieser Frage erst einmal nichts auffällt, sind wir in bester Gesellschaft mit fast allen Philosophen der Vergangenheit. Die Philosophen hielten den Satz »Es ist möglich, dass ich mich in allem täusche und irre« für einen vielleicht falschen, aber in jedem Falle sinnvollen Satz. Nicht so Wittgenstein: Für ihn sind die Wörter »wissen«, »irren«, »Irrtum«, »zweifeln«, »Zweifel«, »täuschen«, »Täuschung«, »Gewissheit« ursprünglich nicht von Philosophen zum Zwecke des Philosophierens geprägt worden. Vielmehr haben die Philosophen diese Wörter selber in ganz alltäglichen Situationen gelernt so wie alle anderen Sprecher auch. Die Wörter »täuschen« und »irren« haben wir erfunden, weil wir in der Tat bei vielen Gelegenheiten Fehler machen und Dinge durcheinanderbringen. Jemand kommt eine Stunde zu früh zu einer Einladung zum Abendessen. Der überraschte Gastgeber erinnert den Gast höflich, dass eine andere Uhrzeit verabredet war. »Oh«, sagt der Gast, »da muss ich mich geirrt haben, ich war fest überzeugt, dass auf Ihrer Einladungskarte 19 Uhr stand, nicht 20 Uhr. Aber ich habe, muss ich zugeben, vorher nicht mehr auf die Karte geschaut. Entschuldigen Sie bitte.« Der Gastgeber antwortet: »Das macht doch nichts, wem ist ein solcher Irrtum nicht schon mal passiert. Kommen Sie einfach herein. Herzlich willkommen!« Es sind solche alltäglichen Situationen, in denen uns das Wort »irren« gute Dienste leistet, diese Situationen angemessen zu bewältigen. An solchen Situationen kann man ablesen, wie das Wort »irren« in unserer Sprache tatsächlich arbeitet. Daher fordert Wittgenstein die Philosophen auf, sich solche Situationen zu vergegenwärtigen.

Aber er fordert die Philosophen auch auf, Situationen zu verfremden. Stellen wir uns vor, wir sind Gastgeber und ein Gast klingelt an der Haustür. Wir begrüßen ihn. »Ich freue mich, dass Sie den Weg zu uns gefunden haben.« Der Gast: »Auch ich freue mich, wenn ich mich jetzt nicht irre.« Als Gastgeber wären wir irritiert. Der Leser dieser Zeilen wird vermutlich geschmunzelt haben. Er hat die Bemerkung des Gastes wie einen Witz aufgefasst. Der Witz entsteht, weil das Wort »irren« in einem Zusammenhang gebraucht wird, in dem wir es nicht gebrauchen. Man kann aus Höflichkeit sagen, man freue sich über eine Einladung, obwohl man sich gar nicht freut. Aber man kann sich nicht darüber irren, dass man sich freut. Dies ist eine Feststellung über den Gebrauch unseres Wortes »irren«, Wittgenstein würde sagen, es sei eine »grammatische« Bemerkung über den Irrtum.

Diese Beobachtung zum Gebrauch des Wortes »irren« lässt es eigentlich sofort sehr merkwürdig erscheinen, dass Philosophen allen Ernstes erwägen, wir könnten uns über alles in der Welt irren. »Nein«, so würde Wittgenstein antworten, »ihr verwendet das Wort ›irren‹ auf eine seltsame Weise, so wie wir es im Alltag nie verwenden. Denkt an die Geschichte vom Gast. Man kann zum Beispiel nicht sagen, dass man sich in seiner Freude über eine Einladung irrt.«

Stellen wir uns vor, ich fügte sogar jedem meiner Sätze den Nachsatz hinzu »wenn ich mich nicht irre«. Ununterbrochen äußerte ich nur noch Sätze wie »Ich schreibe gerade an einem Text zum *Tractatus*, wenn ich mich nicht irre«; »Ich behandele gerade Wittgensteins Spätphilosophie, aber natürlich kann ich dessen nicht sicher sein, ich könnte mich ja irren«; »Ich sitze im Augenblick in meinem Arbeitszimmer, obgleich ich mich ja irren könnte«. Hielte ich das wirklich konsequent durch, wäre dies, wohlwollend gesagt, nichts anderes als ein auffälliger sprachlicher Spleen. Und würde so gar jeder von uns seine Sätze mit diesem Nachsatz versehen, das Wort »irren« hätte endgültig seinen ursprünglichen Sinn verloren. Mit dem Wort »irren« lassen sich nur deshalb bestimmte Situationen unterscheiden und bewältigen, weil wir es so gebrauchen, dass man sich nicht in jeder Situation in allem irren kann. Auch dieser Satz »Man kann sich nicht in einer Situation in allem irren« ist ein grammatischer Satz über das Irren. Er lässt sich einsehen, indem man sich Szenen in Erinnerung ruft, die zeigen, was man in einer Situation sagen kann und was nicht.

Ist nun ein Philosoph, der radikal zweifelt, ob nicht alles falsch ist, was wir über die Welt zu wissen glauben, nicht wie jemand, der denkt, wir könnten an jede unserer Feststellungen den Nachsatz »aber natürlich könnte es auch ganz anders sein, schließlich kann ich mich ja irren« anhängen? Wittgenstein sieht den radikal zweifelnden Philosophen so. Nach Wittgenstein glaubt dieser Philosoph, etwas Sinnvolles zu sagen, hat aber in Wahrheit mit seinen Sätzen das Wort »irren« um seinen guten Sinn gebracht, weil er offensichtlich vollständig die Alltagssituationen aus den Augen verloren hat, in denen wir das Wort »irren« sinnvoll verwenden. Er gebraucht das Wort »irren« wie ein Sprecher mit dem Spleen, jeden seiner Sätze über die Welt mit der Nachbemerkung »wenn ich mich nicht irre« enden zu lassen.

In Wittgensteins Sicht auf die Philosophie ist der Skeptiker nur sprachlich verwirrt. Der radikale Skeptizismus ist eine Art Krankheit. Von ihr müssen die Philosophen geheilt werden. Der Philosophentherapeut Wittgenstein schlägt vor, »ein philosophisches Problem wie eine Krankheit zu behandeln«[107]. Und seine Therapie sieht vor, sich alltägliche Situationen klar vor Augen zu führen, in denen wir das Wort »irren« komplikationslos gebrauchen oder auch nicht gebrauchen. Am Ende, so hofft Wittgenstein, kehren die Philosophen zu der grammatischen Einsicht zurück, dass wir uns nicht in jeder Situation in allem irren können. Dieser Satz ist nichts anderes als ein Satz über unseren alltäglichen Gebrauch des Wortes »irren«, dieser Satz ist nichts anderes als die Frucht unserer Bemühungen, die alltägliche Verwendung des Wortes »irren« klarzustellen.

Hinter dem Problem des radikalen Zweifels und der Möglichkeit des schrankenlosen Irrtums steckt ungeheuer viel Philosophie und Philosophiegeschichte. Ist es nicht ebenso tollkühn wie anmaßend, dass Wittgenstein Fragen, über die die größten Denker jahrhundertelang angestrengt nachgedacht haben, mit einer Erinnerung an unseren alltäglichen Sprachgebrauch zum Verschwinden bringen will? Nun, Wittgenstein würde mit dem Selbstbewusstsein wiederholen, was ihn schon im *Tractatus* hat sagen lassen: »Die richtige Methode der Philosophie wäre eigentlich die: Nichts zu sagen, als was sich sagen lässt. [...] Diese Methode wäre für den anderen unbefriedigend – er hätte nicht das Gefühl, dass wir ihn Philosophie lehrten – aber sie wäre die einzig streng richtige.«

107 Ebd., S. 150. § 255 der *Philosophischen Untersuchungen* lautet: »Der Philosoph behandelt eine Frage; wie eine Krankheit.«

Der Wittgenstein der *Philosophischen Untersuchungen* ist der ungeheuren Vielfalt der Sprache und ihrer Funktionen ansichtig geworden, die der Wittgenstein des *Tractatus* durch seine logische Brille nicht hat wahrnehmen können und wollen. Aber in einem sind sich beide Wittgensteins einig: Niemand kann sich aus der Sprache herausbegeben, ohne im Unsinn zu enden. Einem solchen Schicksal erliegen vor allem die Philosophen immer wieder, ohne dass sie dies merken. Von dieser philosophiekritischen Diagnose im *Tractatus* rückt Wittgenstein in den *Philosophischen Untersuchungen* nicht ab. Und auch die Medizin, die Wittgenstein dort gegen das sinnlose Anrennen gegen die Grenzen der Sprache verordnet, hat er den Philosophen schon im *Tractatus* verschrieben: In Demut anzuerkennen, wie unverfügbar die Sprache durch jeden Einzelnen von uns ist. Philosophie im Geiste Wittgensteins ist keine Lehre. Sie will in Demut einüben.

Literaturverzeichnis

Bubner, Rüdiger (Hrsg.): Sprache und Analysis. Texte zur englischen Philosophie der Gegenwart. Göttingen 1968.

Bultmann, Rudolf: Neues Testament und christliche Existenz – Theologische Aufsätze. Tübingen 2002.

Carnap, Rudolf: Logische Syntax der Sprache. Wien / New York 1968.

– Scheinprobleme in der Philosophie und andere metaphysikkritische Schriften. Hamburg 2004.

Frege, Gottlob: Funktion, Begriff, Bedeutung – Fünf logische Studien. Göttingen 1962.

– Begriffsschrift und andere Aufsätze. Darmstadt 1964.

– Logische Untersuchungen. Göttingen 1993.

Heidegger, Martin: Sein und Zeit. Tübingen [15]1979.

– Was ist Metaphysik? Frankfurt a. M. 1992.

– Die Grundbegriffe der Metaphysik. Frankfurt a. M. 1992a.

Hertz, Heinrich: Die Prinzipien der Mechanik – in neuem Zusammenhang dargestellt. Darmstadt 1963.

Janik, Allan / Toulmin, Stephen: Wittgensteins Wien. Wien 1998.

Kant, Immanuel: Kritik der reinen Vernunft. Hrsg. von Ingeborg Heidemann. Stuttgart 1966.

Mach, Ernst: Die Analyse der Empfindungen und das Verhältnis des Physischen zum Psychischen. Darmstadt 1991.

Malcolm, Norman: Wittgenstein – A Religious Point of View? London 1993.

Rhees, Rush (Hrsg.): Ludwig Wittgenstein – Porträts und Gespräche. Frankfurt a. M. 1987.

Rorty, Richard (Hrsg.): The Linguistic Turn – Recent. Essays in Philosophical Method. Chicago/London 1988.

Ryle, Gilbert: »Systematisch irreführende Ausdrücke«. In: R. Bubner: Sprache und Analysis. Texte zur englischen Philosophie der Gegenwart. Göttingen 1968. S. 31–62.

– Der Begriff des Geistes. Stuttgart 1969.

Shields, Philip R.: Logic and Sin in the Writings of Ludwig Wittgenstein. Chicago 1993.

Stenius, Eric: Wittgensteins *Tractat*. Eine kritische Darlegung seiner Hauptgedanken. Frankfurt a. M. 1969.

Stölzner, Michael / Uebel, Thomas (Hrsg.): Wiener Kreis. Texte zur wissenschaftlichen Weltauffassung von Rudolf Carnap, Otto Neurath, Moritz Schlick, Philipp Frank, Hans Hahn, Karl Menger, Edgar Zilsel und Gustav Bergmann. Hamburg 2006.

Tetens, Holm: Philosophisches Argumentieren – Eine Einführung. Zweite durchgesehene Auflage. München 2006.

Tolstoi, Leo: Kurze Darlegung des Evangelium. Leipzig 1892.

– Volkserzählungen. Stuttgart 1951.

Tugendhat, Ernst / Wolf, Ursula: Logisch-semantische Propädeutik. Stuttgart 1986.

Wittgenstein, Ludwig: Schriften 3. Ludwig Wittgenstein und der Wiener Kreis. Gespräche, aufgezeichnet von Friedrich Waismann. Frankfurt a. M. 1967.

– Tagebücher 1914–1916. In: L. W.: Schriften 1. Frankfurt a. M. 1969.

– Philosophische Bemerkungen. Frankfurt a. M. 1970.

– Vermischte Bemerkungen. Eine Auswahl aus dem Nachlass. Frankfurt a. M. 1978.

– Vortrag über Ethik und andere kleine Schriften. Franfurt a. M. 1989.

– Philosophische Untersuchungen. Frankfurt a. M. 2003.

– Logisch-philosophische Abhandlung. Tractatus logico-philosophicus. Frankfurt a. M. 2003a.

Zur Abbildung auf Seite 86:

Zeichnung aus dem Buch *Die Analyse der Empfindungen und das Verhältnis des Physischen zum Psychischen* von Ernst Mach, Darmstadt: Wissenschaftliche Buchgesellschaft, 1991, S. 15.

Personenregister

Zum Autor

Holm Tetens, geb. 1948, studierte Philosophie, Mathematik und Soziologie in Bochum und Erlangen, Habilitation 1986 an der Universität Marburg, 1987–88 Lehrstuhlvertretung an der Universität Göttingen, 1988–94 Professor für theoretische Philosophie an der Universität Paderborn, von 1994 bis 2015 Professor für theoretische Philosophie mit dem Schwerpunkt Wissenschaftstheorie an der Freien Universität Berlin.

Publikationen: *Experimentelle Erfahrung* (1987); *Geist, Gehirn, Maschine – Philosophische Versuche über ihren Zusammenhang* (1994); *Philosophisches Argumentieren* (2004); *Kants »Kritik der reinen Vernunft«. Ein systematischer Kommentar* (2006); *Gott denken. Ein Versuch über rationale Theologie* (2015); zahlreiche Aufsätze.